适用于
4~5岁

幼儿体能活动大全

主编 陆克俭
　　　白　洪
　　　李春玲

江苏凤凰教育出版社
Phoenix Education Publishing, Ltd

图书在版编目（CIP）数据

创意幼儿体能活动大全.4～5岁 / 陆克俭主编.—南京：江苏凤凰教育出版社，2011.3（2021.7重印）
ISBN 978-7-5499-0447-1

Ⅰ.①创… Ⅱ.①陆… Ⅲ.①身体训练—学前教育—教学参考资料 Ⅳ.①G613.7

中国版本图书馆CIP数据核字(2011)第019454号

书　名	创意幼儿体能活动大全（4～5岁）
主　编	陆克俭　白　洪　李春玲
责任编辑	林　琬
出版发行	江苏凤凰教育出版社（南京市湖南路1号A楼 邮编210009）
苏教网址	http://www.1088.com.cn
照　排	南京紫藤制版印务中心
印　刷	江苏凤凰通达印刷有限公司（电话 025-57572528）
厂　址	南京市六合区冶山镇（邮编 211523）
开　本	787毫米×1092毫米　1/16
印　张	8.25
字　数	150 000
版　次	2011年3月第1版
印　次	2021年7月第7次印刷
书　号	ISBN 978-7-5499-0447-1
定　价	30.00元
网店地址	http://jsfhjycbs.tmall.com
公众号	苏教服务（微信号：jsfhjyfw）
邮购电话	025-85406265，025-85400774，短信 02585420909
盗版举报	025-83658579

本书如有印刷、装订等质量问题，请与印刷厂联系调换，电话：025-57572508
提供盗版线索者给予重奖

前　言

儿童的发展由身体发展和心理发展两个方面构成。体能是当代儿童素质评定中一项不可或缺的重要指标。儿童的体能由动作水平、机能状态、运动技能、身体素质、精神意志、适应能力这六个要素构成。体能是当代社会人们愉快顺利地活动、生活、学习、工作和劳动所必须具有的一种能力。优良的体能是当代儿童生长发育的动力、健康生活的基石、快乐成长的条件。

体能活动、体操、体育游戏是幼儿园体育实施的三大途径和手段。一般说来，体能活动、体操、体育游戏在实施过程中都具有促进身心健康的功能。但是，若仔细比较分析三者的特点与作用，我们可以发现三者又各具独特的功效。如体操对幼儿具有身体的保健作用；体育游戏对幼儿具有娱乐身心的效果；体能活动对幼儿具有特别显著的身心素质培养功效。可以这么说，要使幼儿具备良好的体能，就必须对他们实施有目的、有计划、科学的体育——幼儿体能活动。通过一物多练、技能教学、素质锻炼这样三种不同类型的体育教学、练习和锻炼，来发展他们的走、跑、跳、爬、钻、投、平衡等基本动作；增强他们的骨骼、肌肉、心脏、肺脏等器官的生理机能；指导他们掌握、运用各种运动器材进行锻炼的技巧和方法；提高他们运动中身体的爆发力、耐力、柔韧性、协调性、敏捷性和灵活性；培养他们活泼开朗、热爱运动、合群友爱、独立自强、不怕困苦、好胜不屈的良好品质；增强他们抵抗腮腺炎、禽流感、手足口病、流行性感冒等各种传染性疾病的身体免疫力；增强他们耐寒、耐热、耐饥、耐渴、耐劳等环境适应能力。

古往今来，在中国数千年各朝各代的社会发展进程中，每当步入太平盛世之时、安定丰裕之年，尚文恶武之风都会成为潮流而独盛。轻视体育的"野蛮人尚力，文明人尚智"的思想在不知不觉中被定格成一种所谓的文明民族的民族性和教育观。到了近代，虽偶有经历欧风美雨洗礼的社会名流和因外来入侵而觉醒的仁人志士不时提醒国人："兴体育，育武魂，强体魄。（梁启超）""灵魂贵文明，体魄贵野蛮。（蔡锷）""三育并重，体育为先。（毛泽东）"……但是"书中自有颜如玉、书中自有黄金屋""读书做官"仍然是永固不变的育儿教子的"圣经"。"四肢发达、头脑简单"的偏见似乎深深地印刻在了国人的脑质之中。直至当代的今天，在改革开放三十年社会经济大发展、生活环境有改善、生活水平有提升后，身心和谐发展的儿童教育理想正在消失，体、智、德、美、劳全面发展的儿童教育目标已经迷失。那种在曾经历经"列强入侵、割地赔款、丧权辱国"的百年沧桑之中因觉醒和奋发而迸发出的"尚武""铁血""童子军"的体育精神和魂魄，那种在创立、建设、保卫新中国之时焕发出的"劳动""运动""锻炼"的健康理念和风气都已渐渐地丢失。六十多年前被陶行知先生痛批为"死读书、读死书、读书死"式的传统读书教育经过精心包装、粉饰后又登上了当代幼儿教育的"大舞台"。

近年来，几位自诩为"早教之父""幼教达人"的所谓"幼教名流"喊出的"不要让孩子输在起跑线上！""早学、早读、早写、早记——早成才！"等口号，已成为时下众多父母、幼儿老师热衷的育儿共识和早教指南。他们日复一日、年复一年地看管、训诫着年幼的孩子："不准到外面去玩！""不要浪费学习时间！""不准打打闹闹！""不要变成野孩子！"识字、写字、背书、学外文、做算术，学琴、学棋、学书、学画……这些小学化、专业化的幼儿早教俨然成了当今幼儿生活的"中心"，幼儿教育的"主流"。这种偏重智育忽略体育的早教，误导了当代中国幼儿教育的方向，造成了幼儿身心发展的"不协调、不和谐、不全面"，成为近十多年来生活水平不断提高，而幼儿身心素质却整体下降的"祸因"。这种只重幼儿智力开发、幼儿潜能挖掘的早教，迫使幼儿用更多的时间呆在屋内、坐在桌前，要求幼儿长时间地面对书本"用眼、用手、用口、用脑"，他们因得不到足够时间在户外进行各种大肌肉运动，体内积蓄的剩余精力无处宣泄而变得心浮气躁、好动多动、坐立不定。这些打着开发智力、开发潜能的旗号的"最新""最优"理念和教育犹如幼儿教育的"三聚氰胺"，摧残着幼儿生命的活力、压抑着幼儿活泼的天性、耗费着幼儿身体的精力，这种"重文轻武""重智轻体"的幼儿早教背离了身心和谐发展的教育理想，违背了全面发展的教育方针。

幼儿教育中如何协调好精神的智育与身体的体育关系？

英国教育家洛克早在十七世纪就给了我们睿智的回答:"健康之精神寓于健康之体魄。"洛克在这句不朽名言中告诫我们：如果没有健康的身体就绝不会有健康的智慧。著名的法国思想家、教育家卢梭说:"身体必须要有精力才能听从精神的支配，虚弱的身体精神也跟着虚弱。"卢梭这句话告诉我们：人的精力必须通过体育锻炼，精神靠精力来指挥身体，没有精力人的智慧就无法发挥。人民教育家陶行知在数十年前就发出"我希望大家把儿童健康当做幼稚园里面第一重要的事情，幼稚园教师应该做健康之神"的号召。健康对于幼儿来说太重要了，人生之初的他们犹如一棵刚刚破土的幼苗，如果因为我们不当的教育而伤了如幼苗的幼儿，那么未来他们再也难以长为一棵健康成才的参天大树。因此，我们每一个幼儿教育、养育者都要努力地做幼儿的"健康之神"，大力提倡和实施幼儿体育来促进幼儿健康成长，为孩子的未来成才做些理性而有远见的事情。

体能水平可以反映出人的身心处于怎样一种状态。幼儿体能的优劣并不取决于先天的遗传，更不是后天身心发育、成熟的自然现象。优良的体能有赖于后天良好、科学的体育，有赖于有目的、有计划、有针对性、坚持不懈的户外运动和动作练习。体育是锻造人体健康、给予人生快乐的一种内驱活力，良好的体育活动（早操、体育游戏）可以促进幼儿肌肉、骨骼的生长，身体变得结实而优美，科学的体育锻炼（体能活动）可以提高幼儿的心肺的生理机能，可以改善幼儿的消化吸收功能，可以塑造出幼儿良好的性格，可以提高幼儿的身体素质，可以增进幼儿的运动能力，从而最终形成幼儿优良的体能。

为了促进我国幼儿体育的发展，为了增强中国幼儿的身心健康，为了解决广大幼儿教师缺乏幼儿体能活动案例设计和组织、教法等现实问题，由长期研究幼儿体育理论和实践工作的深圳大学陆克俭博士与多年来一直从事幼儿体育实践探索与研究的深圳市实验幼儿园、深圳市西丽幼儿园、南京金信幼儿园的领导和老师们合作，经过近一年的策划、构思、编写、修改、拍照、合成等繁琐而细致的工作后终于完成了这套《创意幼儿体能活动大全》（3～4岁）、（4～5岁）、（5～7岁）三个年龄段各一册，每册由一物多练、技能教学、素质锻炼三类共四十个图文并茂的体能活动教学案例构成。我们期望这套《创意幼儿体能活动大全》的出版发行能够对广大的幼儿教育工作者在幼儿体育的观念、内容和方法上有所导引和帮助。

陆克俭

2010年11月

目 录

幼儿体能活动设计与教学特点	1
4～5岁幼儿身心发展特点	3
4～5岁幼儿体育活动锻炼目标	4
4～5岁幼儿体能活动上学期安排	5
4～5岁幼儿体能活动下学期安排	6
1. 红绿灯（素质锻炼）	7
2. 运动圈圈（一物多练）	10
3. 走平衡（素质锻炼）	13
4. 纸卡来运动（一物多练）	16
5. 大家来跳绳（技能教学）	19
6. 快来拍拍（技能教学）	22
7. 小鸡爱运动（素质锻炼）	25
8. 多变的纸球（技能教学）	28
9. 跳绳，跨绳（一物多练）	31
10. 勇敢的老鼠（技能教学）	34
11. 炸碉堡（一物多练）	37
12. 谁跳得高（素质锻炼）	40
13. 勇敢的伞兵（技能教学）	43
14. 走平衡（素质锻炼）	46
15. 听信号做运动（素质锻炼）	49
16. 大力士（素质锻炼）	52
17. 去秋游（一物多练）	55
18. 青蛙捉害虫（素质锻炼）	58
19. 我的力气大（素质锻炼）	61
20. 节节高（素质锻炼）	64

21. 用瓶来锻炼（一物多练）	67
22. 挑战者（技能教学）	70
23. 我是小解放军（技能教学）	73
24. 踢沙包、跳沙包（一物多练）	76
25. 挑战小勇士（素质锻炼）	79
26. 用绳来锻炼（一物多练）	82
27. 纵跳（素质锻炼）	85
28. 小马过河（技能教学）	88
29. 跳跳乐（素质锻炼）	91
30. 多练的沙包（一物多练）	94
31. 花样单腿跳（素质锻炼）	97
32. 小椅子来锻炼（一物多练）	100
33. 单脚跳与立（素质锻炼）	103
34. 小消防队员（技能教学）	106
35. 跳小沟（素质锻炼）	109
36. 小侦察兵（技能教学）	112
37. 多变的袋子（一物多练）	115
38. 快乐单脚跳（素质锻炼）	118
39. 垫上前滚翻（技能教学）	121
40. 谁跑得快（素质锻炼）	124

幼儿体能活动设计与教学特点

体能活动是为培养和提高幼儿身心素质而专门设计、进行的一种融练习、教学、锻炼于一体的体育活动。体能活动，有别于幼儿园早晨的早锻炼（动作练习、体操、音游），有别于幼儿园午后的户外体育游戏（大型器械活动、体育游戏），它是一种有目的、有计划、有针对性地对幼儿进行的全面运动、技能教学、素质锻炼和动作练习。体能活动在设计和实施中可细分为一物多练、技能教学和素质锻炼三种类型。我认为，优秀的幼儿体能活动设计必须具备科学性、趣味性和实效性三大基本要素。

一、所谓的科学性表现在：它依据人体在运动、锻炼中体能由弱→较强→强→较强→弱的规律，将活动的过程分为准备部分、基本（教学与练习）部分、结束部分三个环节，运动环节和运动量曲线的设计完全按照人体运动过程中体能由弱到强、由强到弱的规律来进行。

二、所谓的趣味性表现在：根据幼儿好模仿、好想象、好玩耍的特点，将幼儿熟悉的各种动物、人物的形象和活动、生活情景与使用各种运动器材、生活用品的大肌肉运动相结合，使幼儿体育运动变得形象生动、活泼有趣、变化多端，激发幼儿参与技能学习和运动锻炼的兴趣，达到玩中学习、学中练习、练中锻炼的理想体育成效。

三、所谓的实效性表现在：其一，运用启发联想、示范讲解、条件练习、动作分解等行之有效的方法，提高各种运动技能的教与学效果；其二，每一个活动都必须注意重点动作的突出练习，使幼儿参与体能活动后或在动作水平，或在运动技能，或在身心素质，或在其中两方面、三方面都有所增进与提高；其三，体能活动的设计与实施中特别强调科学的运动密度与强度安排，合理的动作变化与难度要求，努力使幼儿在身体机能（骨骼、肌肉、心肺）方面有较大生理负荷，在体力（发起运动、维持运动、协调运动）方面有较高的负担，在精神（坚持、勇敢、守纪、合作、竞争）方面有所磨砺。只有这样才可以提高幼儿的心肺的生理机能，改善幼儿的消化吸收功能，塑造出幼儿良好的性格，提高幼儿的身体素质，增进幼儿的运动能力，真正达到培养和发展幼儿体能的目的。

体能是当代社会人们愉快、顺利地活动、生活、学习、工作和劳动所应该具有的一种能力。体能由动作水平、机能状态、运动技能、身体素质、精神意志、适应能力这六个要素构成。体能是当代幼儿身心发展水平评定的一项不可或缺的指标，优良的体能是当代儿童生长发育的动力、健康生活的基石、快乐成长的条件。

 4~5岁幼儿身心发展特点

4~5岁的幼儿处于学前儿童阶段的中期。此阶段的幼儿在身体方面：身高、体重的增长速度相对缓慢，心肺机能正处于初步发展时期，骨骼肌肉有所发展但还非常柔弱；在心理方面：感知能力、感知兴趣、活动兴趣逐渐增强。对感兴趣的事物可以维持3~5分钟，能根据要求和以往的经验观察事物。他们喜欢和同伴一起玩，在活动中他们逐渐学会了交往，会与同伴共同分享快乐，还获得了领导同伴和服从同伴的经验。此时他们开始有了嫉妒心，能感受到强烈的愤怒与挫折。有时，他们还喜欢炫耀自己所拥有的东西，有了初步的竞争意识和行为。

此年龄阶段的幼儿在身体发育过程中，一方面精力充沛，他们的身体开始变得结实、体力较佳，可以步行一定的路程。基本动作更为灵活，不但可以自如地跑、跳、攀登，而且可以单足站立，会抛接球，能骑小车等，手指动作比较灵巧，可以熟练地穿脱衣服、扣纽扣、拉拉链、系鞋带，也会完成折纸、穿珠、拼插积木等精细动作。动作质量明显提高，既能灵活操作，又能坚持较长时间；另外一方面由于其骨骼、肌肉、心脏、肺脏等器官机能尚处于初步发展阶段而较为柔弱，因此不适宜进行大运动量、高难度的动作锻炼，更不能进行运动员化的竞赛和训练。因此教养者对此年龄阶段的幼儿，应该多给予符合其年龄特点"故事化、生活化、趣味化"的"走、跑、跳、爬、钻、投掷、平衡"等动作练习及轻器械的玩耍游戏来锻炼其身心，提高其体能。

在幼儿园中，此年龄阶段的幼儿的活动需要和模仿欲望日益强烈，但身体骨骼肌肉尚不强健，器官组织的机能尚未成熟，他们的运动需要与身体机能之间存在较大矛盾，他们的身体活动需要成人有目的地控制、指导和安排。4~5岁的幼儿身体还较为柔弱，对疾病的抵抗和免疫能力较低，易患各种季节性传染疾病，身体易受侵害。因此，成人要在关注幼儿营养、学习、生活的同时，注重养成他们良好的早睡早起、讲究卫生的习惯；要给予他们充足的户外体育游戏和身体锻炼的机会，充分地给予他们户外体育活动和身体锻炼的机会。通过加强幼儿的体育游戏活动内容和时间来熟练他们的基本动作，培养他们对体育的兴趣，增进他们的运动能力，提高他们的身体素质，进而达到增强幼儿体质的目标，为他们未来的人生打下坚实的身心健康基础。

 # 4~5岁幼儿体育活动锻炼目标

1. 能熟练、协调地双脚交替上、下两层楼房以上的楼梯。

2. 能轻松、协调地走、跑交替250米不觉疲惫。

3. 能按信号的指令有节奏地变速走、变速跑。

4. 能步行1500米距离。

5. 能快速地奔跑20～25米的距离。

6. 能灵活、协调地向前、向上、向左、向右连续地跳跃。

7. 能连续纵跳用手触摸离幼儿自己高举的手尖20厘米以上的物体。

8. 能轻松、自然地从30厘米高处跳下。

9. 会双脚连续跳过20厘米高、40厘米宽的多个地面障碍物。

10. 能双脚并拢一次跳跃过地面40厘米的距离。

11. 能协调、熟练地在高40厘米高度内的各种障碍中钻进、钻出。

12. 能单脚独立紧闭双眼3秒以上。

13. 能闭眼自转三圈、闭眼向前方行走10米不摔倒。

14. 能自然、协调地在宽20厘米、高25厘米、长3～5米的平衡板上走。

15. 能在指定（半径1米的圆或4平方米）的范围内连续地拍球（一次拍50个以上）。

16. 能用手将100～200克重量的沙包投向前方（左手投6米以上，右手投10米以上）。

17. 能手脚协调地中速爬越3米高的爬网。

18. 能跟随着音乐的节奏正确、合拍、有力地做徒手操、轻器械操。

19. 能根据信号的要求迅速地站成各种队形（圆、方、四队、两队等）。

20. 能用双手站立式支撑身体3分钟以上。

21. 能双手抓握单杠悬垂身体20秒以上。

22. 喜欢参加各种内容和形式的体育活动。

4~5岁幼儿体能活动上学期安排

（秋冬季）

周　次	第一次体能活动	第二次体能活动
第 一 周	1. 红绿灯（素质锻炼）	2. 运动圈圈（一物多练）
第 二 周	3. 走平衡（素质锻炼）	4. 纸卡来运动（一物多练）
第 三 周	2. 运动圈圈（一物多练）	1. 红绿灯（素质锻炼）
第 四 周	4. 纸卡来运动（一物多练）	3. 走平衡（素质锻炼）
第 五 周	5. 大家来跳绳（技能教学）	6. 快来拍拍（技能教学）
第 六 周	7. 小鸡爱运动（素质锻炼）	8. 多变的纸球（技能教学）
第 七 周	6. 快来拍拍（技能教学）	5. 大家来跳绳（技能教学）
第 八 周	8. 多变的纸球（技能教学）	7. 小鸡爱运动（素质锻炼）
第 九 周	9. 跳绳，跨绳（一物多练）	10. 勇敢的老鼠（技能教学）
第 十 周	11. 炸碉堡（一物多练）	12. 谁跳得高（素质锻炼）
第十一周	10. 勇敢的老鼠（技能教学）	9. 跳绳，跨绳（一物多练）
第十二周	12. 谁跳得高（素质锻炼）	11. 炸碉堡（一物多练）
第十三周	13. 勇敢的伞兵（技能教学）	14. 走平衡（素质锻炼）
第十四周	15. 听信号做运动（素质锻炼）	17. 去秋游（一物多练）
第十五周	14. 走平衡（素质锻炼）	13. 勇敢的伞兵（技能教学）
第十六周	17. 去秋游（一物多练）	15. 听信号做运动（素质锻炼）
第十七周	16. 大力士（素质锻炼）	18. 青蛙捉害虫（素质锻炼）
第十八周	19. 我的力气大（素质锻炼）	20. 节节高（素质锻炼）
第十九周	18. 青蛙捉害虫（素质锻炼）	16. 大力士（素质锻炼）
第二十周	20. 节节高（素质锻炼）	19. 我的力气大（素质锻炼）

4~5岁幼儿体能活动下学期安排

（春夏季）

周　次	第一次体能活动	第二次体能活动
第 一 周	21. 用瓶来锻炼（一物多练）	22. 挑战者（技能教学）
第 二 周	23. 我是小解放军（技能教学）	24. 踢沙包、跳沙包（一物多练）
第 三 周	22. 挑战者（技能教学）	21. 用瓶来锻炼（一物多练）
第 四 周	24. 踢沙包、跳沙包（一物多练）	23. 我是小解放军（技能教学）
第 五 周	25. 挑战小勇士（素质锻炼）	26. 用绳来锻炼（一物多练）
第 六 周	27. 纵跳（素质锻炼）	28. 小马过河（技能教学）
第 七 周	26. 用绳来锻炼（一物多练）	25. 挑战小勇士（素质锻炼）
第 八 周	28. 小马过河（技能教学）	27. 纵跳（素质锻炼）
第 九 周	29. 跳跳乐（素质锻炼）	30. 多练的沙包（一物多练）
第 十 周	31. 花样单腿跳（素质锻炼）	32. 小椅子来锻炼（一物多练）
第十一周	30. 多练的沙包（一物多练）	29. 跳跳乐（素质锻炼）
第十二周	32. 小椅子来锻炼（一物多练）	31. 花样单腿跳（素质锻炼）
第十三周	33. 单脚跳与立（素质锻炼）	34. 小消防队员（技能教学）
第十四周	35. 跳小沟（素质锻炼）	36. 小侦察兵（技能教学）
第十五周	34. 小消防队员（技能教学）	33. 单脚跳与立（素质锻炼）
第十六周	36. 小侦察兵（技能教学）	35. 跳小沟（素质锻炼）
第十七周	37. 多变的袋子（一物多练）	38. 快乐单脚跳（素质锻炼）
第十八周	39. 垫上前滚翻（技能教学）	40. 谁跑得快（素质锻炼）
第十九周	38. 快乐单脚跳（素质锻炼）	37. 多变的袋子（一物多练）
第二十周	40. 谁跑得快（素质锻炼）	39. 垫上前滚翻（技能教学）

1. 红绿灯（素质锻炼）

设计思考

"跑"是幼儿生活中时常要运用的一个基本动作，幼儿喜欢奔跑跳跃，但经常会因控制能力弱、平衡能力差而出现碰撞、重心不稳，从而导致发生意外事故。为了幼儿在体育活动和生活活动中轻松、灵活、安全地运用奔跑运动，特设计了这个教学活动，希望对中班幼儿的基本动作发展和运动能力的提高发挥一定作用。

目的要求

1. 掌握正确的奔跑方法，熟练走、跑的动作技能。
2. 提高运动的敏捷性、协调性和快速反应、随机应变的能力。

教学重点

听信号跑、S形跑、侧身跑。

活动准备

红黄绿的信号灯各一个，红绿布条各半（幼儿都有一条）。

活动过程

环节	活动内容与过程安排	时间	形式
准备部分	1. 教师带领幼儿小跑步入场后，幼儿站立成早操队形听口令变换队形（一队变两队，两队变一队，两队变四队）。 2. 和教师一起做身体各部位的准备活动（头颈部、手臂、肩部、胸部、腰腹部、下肢、脚踝部）。	4分钟	集体
教学与练习部分	3. 幼儿分散站立在场地上，相互之间保持一定的距离，听到教师发出口令："顺时针绕场地跑""逆时针绕场地大步走""踮脚小步自由走""半蹲自由走"时，进行相应的动作锻炼。	3分钟	集体与分组相结合
	4. 游戏：红绿灯。 （1）教师示范讲解游戏的过程及游戏规则。 （2）幼儿玩一遍游戏后，教师针对幼儿游戏过程中的情况强调游戏规则，再进行看指示牌停和走跑的锻炼。	5分钟	集体
	5. 游戏：看信号灯追逐跑。 （1）在红绿灯游戏的基础上，增加难度，把幼儿分成两组，一组手臂缠红色布条，一组手臂缠绿色布条，看教师信号进行游戏，教师举红色信号灯，缠红色布条的幼儿，在指定的范围内追逐缠绿色布条的幼儿；举绿信号灯则反之。 （2）增加难度，更换信号速度加快，训练幼儿的速度及应变能力。	5分钟	集体与分组相结合

续表

环　节	活动内容与过程安排	时　间	形　式
教学与练习部分	6. 分组进行循环锻炼。走和跑结合，走线——10米跑——S形跑——侧身跑。	5分钟	分组
结束部分	7. 幼儿跟随教师在音乐声中进行摇头、点头、摆臂、扭腰、甩腿、转圈、下蹲等身体放松动作。 8. 教师对本次活动进行讲评后，带领幼儿离开场地。	3分钟	集体

组织与场地图示

1. 准备部分

图一　做准备活动操——体侧运动　　　　　图二　做准备活动操——下肢运动

2. 教学与练习部分

图三　进行下蹲走锻炼　　　　　　　　　　图四　进行大步走锻炼

图五 分组进行追逐运动

图六 集体进行障碍走、跑锻炼

3. 结束部分

图七 集体进行上肢放松活动

图八 带领幼儿持器械离开场地

教学建议

　　红绿灯游戏贴近幼儿的生活，不同的信号应该运用什么样的身体动作应由师生共同规定，这样幼儿在运动中才能自觉遵守规则；活动的教学重点应放在指导幼儿在奔跑过程中如何避让、躲闪方面，训练幼儿运动中的反应能力；在各环节练习结束时应提示幼儿不要光顾自己跑，要注意避让身边的幼儿；活动的教学难点是侧身跑，生活中幼儿缺乏练习，因此需要安排两个环节以上的专门练习。

（编写：陈　莹　改编：陆克俭、白　洪）

2. 运动圈圈（一物多练）

设计思考

"圈"是幼儿比较喜欢的一种体育运动器材。户外体育活动幼儿玩圈时，教师常常会听到一些小朋友自豪地说："老师，我会很多种玩圈的方法。"于是我的一物多练的"运动圈圈"体育活动设计构想就产生了。本活动利用圈的特点，鼓励幼儿探索、掌握用圈来锻炼身体的各种方法，发展幼儿基本动作，促进幼儿各基本动作的协调性和灵敏性。

目的要求

1. 探索用圈来锻炼身体的方法，如跑、跳、钻、投、走等。
2. 发展动作的协调性、灵敏性，培养运动中的合作能力。

教学重点

合作用圈进行蹲步走的锻炼。

活动准备

人手各一圈，每人两根长彩色布条，录音机，音乐光盘。

活动过程

环　节	活动内容与过程安排	时　间	形　式
准备部分	1. 游戏：超级变变变。 教师：我这里有一个圈圈，它可不是一个普通的圈圈。它可以变出很多好玩的东西，我们就叫它"神奇圈圈"。现在让我们一起用圈圈来玩一个"超级变变变"的游戏。	2分钟	自由
	2. 幼儿和教师一起用圈圈摆成运动场地做运动，活动身体各部位。	2分钟	集体
教学与练习部分	3. 创意"圈圈来锻炼"。 （1）教师：小朋友们，圈有很多玩法，今天我们要用圈来锻炼身体，看看谁的锻炼方法好而且多。 （2）幼儿分散在场地中独自或结伴尝试用圈进行各种运动，如跳、掷、抛、滚、套物、钻、大步跨圈等。 （3）教师观察指导，称赞好的锻炼方法，鼓励幼儿提出更多的想法，提醒幼儿注意安全。	5分钟	自由
	4. 幼儿交流展示圈圈的玩法。 （1）教师：大家想出了圈圈的很多玩法，有几个小朋友用圈进行锻炼身体的方法很好，我请他们来给大家展示一下。 （2）分别请几个小朋友把具有锻炼性的玩法展示给大家看看，教师进行动作要点讲解。 （3）在教师的带领下，全体幼儿一起进行跳圈、大步跨圈、钻圈、抛圈等锻炼。	7分钟	个别与集体相结合

续表

环节	活动内容与过程安排	时间	形式
教学与练习部分	5.合作游戏：赛龙舟。 （1）教师指导幼儿将红布条缠在左脚，白布条缠在右脚。 （2）幼儿分成多个小组，将圈套在腰部。各组幼儿依次抓住前一幼儿腰部的圈，听口令统一迈左、右脚，有节奏地走。 （3）幼儿分成两大组，互相握圈成一长龙状，听口令协调一致地迈左、右脚进行半蹲、全蹲移步走的锻炼。	5分钟	分组
结束部分	6.游戏：我们去散步。 用深呼吸的方法进行上肢、腰腹、下肢等身体部位的放松活动。 7.教师总结活动，师生一起收体育器材离开运动场地。	4分钟	集体

组织与场地图示

1.准备部分

图一 做准备活动操——上肢运动

图二 做准备活动操——跳跃运动

2.教学与练习部分

图三 圈的锻炼方法示范

图四 带领幼儿连续跳圈

图五 指导幼儿轮组钻圈

图六 分组合作"赛龙舟"

3. 结束部分

图七 边走圆圈边放松肢体

图八 带领幼儿离开场地

教学建议

  在幼儿用圈进行创意身体锻炼的环节，教师要鼓励、启发幼儿想出有锻炼价值的动作、运动；给予幼儿探索的时间不能过长，以免拖沓、散漫；要求幼儿合作"赛龙舟"时可以先两人或四人组合，再四个小组组合，最后两个大组组合，让幼儿有机会熟练掌握协调一致的运动节奏；在进行蹲着走的环节时，要重点指导幼儿，要求他们移动脚步时，一定要按教师的信号协调一致地"左脚、右脚，左脚、右脚……"地移动脚步。

（编写：占志豪　改编：陆克俭、白　洪）

3. 走平衡（素质锻炼）

设计思考

平衡能力是幼儿运动和生活活动中一项必备的身体素质。由于家庭对体育的重视不够，幼儿园缺少平衡能力的锻炼，所以中班幼儿在平衡素质的发展水平上有着较大的差异。本活动是专门为提高孩子们的平衡能力而设计的，提高中班幼儿在维持各种静动作时、在运动中变换身体姿态时保持身体平衡的能力。

目的要求

1. 训练能听到信号迅速地在凳上站立。
2. 通过不同器材的平衡练习，逐步加深难度，提高平衡能力，激发勇于挑战的精神。

教学重点

复习平衡循环练习，新授凳上平衡、站立。

活动准备

幼儿每人一张小圆凳，塑料平衡块、平衡木、凳子、高跷、泡沫球，录音机和音乐磁带。

活动过程

环节	活动内容与过程安排	时间	形式
准备部分	1. 教师带领幼儿以一路纵队入场，进行走跑交替热身活动。 2. 模仿机器人做头颈、上肢、下肢、脚部的关节肌肉活动。	3分钟	集体
教学与练习部分	3. 游戏：凳子运动。 （1）请幼儿每人拿一张凳子，选择一个地方听信号绕自己的凳子走，当听到教师哨响时迅速双脚站立在凳子上。	3分钟	集体
	（2）请幼儿听信号绕自己的凳子跑圈，当听到教师哨响时迅速单脚（反复练习中注意左、右脚替换）站立在凳子上。	4分钟	集体
	（3）幼儿分成两组将凳子排列成纵向，绕着凳子跑。当听到教师不同的哨音信号时，幼儿迅速或坐在、或蹲在、或双脚站在、或单脚站立在小凳子上。运动的节奏由慢到快，难度由弱到强：坐→蹲→双脚站→单脚站立在凳子上。	5分钟	集体
	4. 平衡循环练习：运球。 （1）分组听信号一个接一个地持球走过场地上各种障碍物。	3分钟	分组

续表

环　节	活动内容与过程安排	时　间	形　式
教学与练习部分	（2）分组进行运西瓜比赛。听信号，各组小朋友出一个人持西瓜（球）快速走过指定的各种障碍，回到出发点后本组另一个小朋友再出发，直到本组最后一个小朋友持球回到终点。最先完成"运西瓜"的小组为胜。 活动规则：每个幼儿从球筐里拿一个球从一头运到另一头，须经过塑料平衡块→平衡木→凳子→高跷，并将球放到篮筐中。能在走平衡木中带球不掉落者可到教师处领一张贴纸作为奖励。	5分钟	分组
结束部分	5. 听音乐做"擦汗""洗手""洗脸""甩手""互相捶背""甩腿"放松运动。 6. 评出几名"运西瓜大王"，然后收拾场地退场。	5分钟	集体

组织与场地图示

1. 准备部分

图一　带领幼儿变速跑热身

图二　做准备活动操——下肢运动

2. 教学与练习部分

图三　教师进行教学要求讲解

图四　在小凳上进行团身下蹲

图五 在小凳上进行单脚独立

图六 进行平衡、跳跃循环锻炼

3.结束部分

图七 集体进行上肢放松活动

图八 结伴互相进行背部放松

教学建议

　　活动中在运动器械的选择方面,要尽量考虑简单易用。由于平衡动作练习的运动量较小,因此活动的设计要采用不同身体动作练习相互组合的方法,这样幼儿在参与本活动时既能完成平衡这个重点教学、指导和练习,又可让身体的各部位参与运动,从而达到合理的运动量,获得良好的身心锻炼效果。

（编写：杜冰丽　改编：陆克俭、李春玲）

4. 纸卡来运动（一物多练）

设计思考

日常生活中经常会产生许多废弃品，我们可以将其中一些卫生、安全的废品运用到幼儿体育锻炼中来，如矿泉水瓶、包装盒、报纸等等。塑料、包装纸卡片是幼儿生活中常见的生活废弃物，它们形状方正，且卫生、轻便、易用，如果我们把它作为一种体育锻炼的轻器材加以运用，可以提高幼儿运动的兴趣，丰富幼儿身体锻炼的器材和方式。

目的要求

1. 充分利用纸卡进行走、投掷和平衡等动作练习与锻炼。
2. 通过一物多练进行综合活动，在活动中增强腰腹和腿部力量及动作协调性。

教学重点

重点进行助跑跨跳动作练习。

活动准备

幼儿在课前已掌握投掷、跨跳等动作，幼儿每人一张纸卡，录音机。

活动过程

环节	活动内容与过程安排	时间	形式
准备部分	1. 幼儿每人拿一张纸卡，或顶在头上，或夹在左右侧腋下，或拿在手中作方向盘，或夹在双腿之间，进行走跑交替练习。 2. 教师站立在场地中央，幼儿围绕教师散立，保持一定的距离，跟随教师做上肢、肩胛、腰腹、腿脚等部位的关节活动操。	3分钟	集体
教学与练习部分	3. 幼儿分散在场地上利用手中的纸卡各自进行动作练习。教师启发、指导幼儿利用纸卡进行各种身体动作锻炼，如：头顶走平衡，单双手抛接，放在地面上跳跃，夹在双腿之间跳跃等。	2分钟	自由
	4. 在教师的指导下，幼儿将自己的纸卡放置在地面上进行向前、向后、向左、向右双脚跳卡纸的动作练习。	3分钟	集体
	5. 引导幼儿用纸卡自由玩，在游戏中发现纸卡的不同玩法并一起练习。 （1）可以将两张纸卡立起来，然后进行跳跃练习。 （2）利用纸卡进行踩物跨跳。	5分钟	自由
	6. 一物多练比赛。 （1）看谁投得远：用纸卡练习投掷，要求幼儿准备姿势正确，投掷时注意高度和远度。 （2）看谁爬得快：将纸卡放在背上，从场地一侧向场地另一侧手膝着地爬行。	4分钟	集体

环 节	活动内容与过程安排	时 间	形 式
教学与练习部分	（3）看哪组走得快：将幼儿分成四组站立在场地一侧，要求各组幼儿听信号一个接着一个地用双膝夹住纸卡走到场地另外一侧。 （4）哪组跳得快：将纸卡在场地上连接起来排成四排，幼儿分成两组，在纸板上进行跳的竞赛。	6分钟	分组
结束部分	7.幼儿分散在场地上，将自己的纸卡放在地上，双脚站在上面，在音乐的伴奏下跟随教师做双臂、肩胛、腰腹、膝盖、双脚等部位的轻敲肢体放松动作。 8.教师进行活动总结后，带领幼儿收拾纸卡离开场地。	3分钟	集体

组织与场地图示

1. 开始部分

图一 做热身活动——顶沙袋走

图二 做准备活动操——上肢运动

2. 教学与练习部分

图三 分组进行双脚连跳

图四 分组进行投掷运动

图五 带领幼儿手膝着地爬

图六 分组进行穿越障碍锻炼

3. 结束部分

图七 进行下肢放松活动

图八 进行上肢放松活动

教学建议

　　教师要鼓励、启发幼儿尝试用纸卡进行全身各部位各种不同动作的活动与锻炼，如把纸卡顶在头上走、当飞盘用手抛接、放在背上爬行、夹在双腿之中跳跃等。在运用纸卡片进行动作练习、身体锻炼的安排时，要有自上而下的规律，如头顶纸卡走、头顶纸卡自转、头顶纸卡单腿独立等，再如大腿夹纸卡跳、膝盖夹纸卡跳、小腿夹纸卡跳等，这样才能充分地挖掘器械的运动功能，从而达到更好的锻炼效果。

（编写：李　戈　　改编：陆克俭、李春玲）

5. 大家来跳绳（技能教学）

设计思考

跳绳对锻炼幼儿的手、脚、脑的配合能力，对提高幼儿身体运动的协调性，对提高幼儿下肢的力量、改善幼儿的呼吸机能都有着特别的功效。但是，学跳绳在许多幼儿园是一个比较困难的运动项目，因为小、中班的幼儿往往因为手、脑、脚配合能力差而难以学习和掌握跳绳的动作要领和方法技能。为了突破幼儿学习跳绳难这个问题，特设计了"大家来跳绳"这个体能活动。

目的要求

1. 学习掌握单手甩绳和有节奏的单手甩绳双脚跳，尝试双手甩绳双脚跳绳。
2. 提高手、脚的协调性，增进下肢的力量。

教学重点

练习甩绳和协调地边甩绳边跳。

活动准备

幼儿每人一根标准跳绳，录音机，音乐磁带，课前大多数幼儿已经学会和掌握有节奏地双脚连续向上跳的技能。

活动过程

环节	活动内容与过程安排	时间	形式
准备部分	1. 教师带领幼儿手持跳绳在"一二一"的口令声中一路纵队走步入场，然后绕场地和在场地中进行圆形、方形、螺旋形的走跑交替运动。幼儿活动手臂和双腿。	2分钟	集体
	2. 幼儿手持跳绳成四路纵队，各组保持一定间距对教师站立，在音乐的伴随下跟随教师用手中的跳绳做头颈、手腕、肩胛、腰腹、膝盖、脚踝等部位的准备活动操。	2分钟	
教学与练习部分	3. 玩绳子。 教师：小朋友们，大家来用绳子做各种身体锻炼活动，老师要看看谁的方法、种类多。 幼儿分散在场地上用跳绳做走平衡、跳跃、投掷、抖甩等动作。教师给予巡回指导。	3分钟	自由
	4. 幼儿徒手学习跳绳。在教师的带领下幼儿先学习进行左、右单手甩绳动作，再进行双手甩手臂的练习，最后进行双手甩绳与双脚跳跃。	3分钟	集体
	5. 幼儿成扇形队列面对教师，教师手拿跳绳给幼儿示范讲解跳绳时双手拿绳、双手甩绳、双脚配合跳起的动作要领。教师引导幼儿观察和讨论，并请几个幼儿示范跳绳时手和脚的	4分钟	集体

续表

环 节	活动内容与过程安排	时间	形式
教学与练习部分	动作应该怎样做。强调双手有节奏地甩绳，双脚并拢跟着甩绳的节奏跳。 6. 指导幼儿拿绳学跳绳。 （1）幼儿左手拿绳，跟着音乐在身体的一侧有节奏地甩绳，双脚和着甩绳的节奏连续地跳。 （2）幼儿右手拿绳，跟随音乐节奏在身体一侧有节奏地甩绳，双脚和着甩绳的节奏连续地跳。 （3）幼儿练习双手将绳子甩到身体前方再双脚跳过，同时注意双手向后。 7. 教师在场地中间，幼儿围着教师散立在场地上，跟着教师和着音乐的节奏进行连续跳绳练习。	8分钟	集体
结束部分	8. 教师带领全体幼儿，随着舒缓的音乐节奏，做洗澡时的洗头、洗脸、擦背、轻敲四肢等动作进行肢体放松。 9. 教师和幼儿带着自己的跳绳离开操场。	3分钟	集体

组织与场地图示

1. 准备部分

图一 做准备活动操——上肢运动

图二 做准备活动操——下肢部分

2. 教学与练习部分

图三 幼儿进行绳的探索锻炼

图四 按要求进行跳跃锻炼

图五 教师示范讲解跳绳的要领

图六 幼儿进行跳绳练习

3. 结束部分

图七 做上肢放松运动

图八 带领幼儿拿绳退场

教学建议

　　教师在教学过程中要按照单手甩短绳→双手甩短绳→双手甩双短绳双脚配合跳→双手甩一根长绳跳绳的方法进行教学与练习。另外跳绳的节奏上应该先慢再快，不可操之过急，以免造成幼儿对跳绳运动的畏难情绪。在形式上我们可以利用集体跳大绳的方式来培养幼儿有节奏的原地跳。日常体育活动中经常组织幼儿进行甩绳的练习，帮助幼儿尽快掌握动作要领。

（编写：李　戈　　改编：陆克俭、白　洪）

6. 快来拍拍（技能教学）

设计思考

球是幼儿园最常见的一种运动器材，许多幼儿喜欢玩球。幼儿运动大纲中规定，拍球是中班幼儿必须学习和掌握的一项运动技能。对于中班的幼儿来说，熟练地掌握拍球技能比较困难。中班幼儿要达到运动大纲对拍球的要求，一方面我们要给幼儿探索模仿的机会，另一方面要进行规范的技能指导。因此特设计了"快来拍拍"教学活动，本活动力图通过拍球动作的分解教学与练习来破解中班幼儿"拍球难"问题。

目的要求

1. 初步学习和掌握拍球的运动技能，提高手眼协调能力。
2. 增强手臂的力量，培养不怕困难、不怕失败的意志。

教学重点

左、右手连续拍球。

活动准备

皮球人手一个，录音机，光盘。

活动过程

环 节	活动内容与过程安排	时 间	形 式
准备部分	1. 教师带领幼儿单手夹球踏步进入场地，双手持球在场地中听信号进行快走、慢跑交替活动。	2分钟	集体
	2. 在音乐声中幼儿跟随教师的示范做头颈、上肢、腰腹、下肢、手腕、脚踝等关键部位的肢体活动。	2分钟	
教学与练习部分	3. 教师：小朋友们，利用皮球有多种锻炼的方法，现在我们每个人都试一试，看看自己能想出几种锻炼身体的办法来。教师观察指导幼儿进行拍、踢、滚、投、抛接球等运动。	3分钟	自由
	4. 教师集中幼儿，向幼儿进行右手、左手拍球运动技能示范与讲解，要求全体幼儿按教师的示范进行模仿拍球。教师观察幼儿拍球的能力和水平。	3分钟	集体
	5. 集中幼儿，请个别拍球能力差的幼儿示范，要求小朋友找出不能连续拍球的原因，再请个别拍球能力强的幼儿进行拍球示范，教师总结、提示正确的左右手拍球要领。	4分钟	个别
	6. 全体幼儿在教师的带领下用口中数数的方法继续进行左、右手拍球练习。	2分钟	集体
	7. 将幼儿分成四个小组站立在场地一端，场地对面一端对应四个组放置四张凳子，幼儿听信号进行推滚球锻炼（去时右手推滚球，回来时左手推滚球）。	3分钟	分组

续 表

环 节	活动内容与过程安排	时 间	形 式
教学与练习部分	8. 全体幼儿散立在场地上进行拍球比赛。		集体
	（1）听到教师用右手拍球的信号后，全体幼儿开始用右手连续拍球。约一分钟后教师说停，幼儿报自己拍球的次数。	2分钟	
	（2）听到教师用左手拍球的口令后，全体幼儿开始用左手连续拍球。约一分钟后教师说停，幼儿报自己拍球的次数。	2分钟	
	（3）听到教师左右手交替拍球的口令后，全体幼儿开始用左右手交替拍球的方式拍球。约半分钟后教师说停，幼儿报自己拍球的次数。然后再重复进行两次。	3分钟	
结束部分	9. 教师对本次教学活动进行讲评后，带领幼儿跟随轻松的音乐坐在球上各自做放松运动：拍腿、体屈伸展、慢扭腰等。 10. 教师小结活动，带领幼儿单手夹球踏步退场。	3分钟	集体

组织与场地图示

1. 准备部分

图一 带领幼儿持球入场

图二 做准备活动操——下肢运动

2. 教学与练习部分

图三 幼儿探索用球锻炼的方法

图四 教师示范拍球等动作要领

图五 分组进行地面滚球练习

图六 集体进行拍球比赛

3. 结束部分

图七 集体进行下肢放松活动

图八 带领幼儿持球离开场地

教学建议

幼儿掌握拍球的方法和技能需要有"观察——模仿——感知——练习——熟练"这样一个过程，因此教学过程中教师不能急于求成，要耐心地分阶段进行指导，以防止幼儿产生害怕的心理。本活动的教学重点应放在拍球教学环节，动作分解练习的时间一定要充分，教师的个别指导也要及时。在练习环节中要注意提高运动的强度和密度，可适当地增加跑、跳等运动来达到理想的运动量。

（编写：栾红枫　改编：陆克俭、李春玲）

7. 小鸡爱运动（素质锻炼）

设计思考

　　小鸡、小鸭是春天里常见的家禽，在幼儿园我们常用它们来进行常识、知识和品德教育，幼儿喜爱观察、模仿。如果我们把这些动物的角色和生活活动合理地运用到体育活动中来，有目的地将一些运动器械和走、跑、跳等动作与小鸡小鸭等活泼可爱的形象有机结合起来，就能够获得良好的体能锻炼效果。

目的要求

　　1. 根据要求用自己的肢体模仿出小鸡的生活动作。
　　2. 学会根据信号的提示做不同方向、速度的走跑动作，提高运动平衡能力。

教学重点

　　听信号按指定方向变速跑。

活动准备

　　长约5米的绳子8条（每组两条），录音机，小鸡儿歌和音乐磁带（或光盘）。

活动过程

环节	活动内容与过程安排	时间	形式
准备部分	1. 教师扮母鸡，小朋友扮小鸡，母鸡带领小鸡出场，小鸡跟着鸡妈妈跑到东捉小虫，跑到西吃青草，跑到北喝水，跑到南晒太阳。	3分钟	集体
	2. 小鸡在母鸡身边散开，跟着母鸡做模仿活动操：伸懒腰、摇头、伸脖、振翅、啄食、喝水、抓地（找食物）等动作。	2分钟	
教学与练习部分	3. 母鸡：太阳出来了，小鸡们到草地上去锻炼身体吧，看谁锻炼的方法最多。	5分钟	自由
	4. 小鸡学飞翔。 母鸡向小鸡示范讲解边跑边上下摆动双臂的动作要领，然后带领小鸡在场地上顺时针、逆时针地进行飞跑锻炼。	3分钟	集体
	5. 小鸡掌握飞跑的动作要领后，母鸡用信号进行指挥，小鸡根据不同的信号指令进行多种飞跑方法： （1）顺时针地快与慢飞跑。 （2）逆时针地快与慢飞跑。 （3）慢速、中速地自由在场地上飞跑（提醒小鸡互相避让）。	9分钟	集体与自由相结合

续表

环 节	活动内容与过程安排	时 间	形 式
教学与练习部分	6. 看谁本领大。 将幼儿分成四组，分别站立在场地起点线，在场地中每组前面的场地上摆放两条互相平行的长约4～5米绳子。 （1）一个跟着一个地用"飞跑"方式通过两根相距约为30厘米的绳子桥。 （2）一个跟着一个地走踏着两条并拢在一起的绳索桥。	4分钟	分组
结束部分	7. 在《小鸡飞飞》的音乐声中，母鸡带领小鸡做头颈、肩臂、腰腹、膝关节、小腿等部位的放松活动。 8. 教师进行活动小结后，带领幼儿离开场地。	3分钟	集体

组织与场地图示

1. 准备部分

图一 做准备活动操——上肢运动

图二 做准备活动操——下蹲运动

2. 教学与练习部分

图三 自由模仿小鸡肢体运动

图四 进行小鸡飞翔动作教学

图五 分组进行"飞跑"动作练习

图六 分组进行踩绳走动作练习

3. 结束部分

图七 进行头颈部放松活动

图八 带领幼儿离开场地

教学建议

  教师应站在孩子面前进行正面和侧面示范。在进行投掷的动作练习时，由于幼儿的上肢力度不足，动作有些不协调，可以让幼儿做些辅助的游戏，比如拍打悬挂物，主要是让幼儿懂得上肢发力的技巧。

（编写：罗 丹 改编：陆克俭、白 洪）

8. 多变的纸球（技能教学）

设计思考

　　幼儿在玩报纸时会自发地把报纸揉成团，开心地进行踢、滚、投、抛等游戏。我们曾经帮助孩子们在报纸球的外面包了一层漂亮的彩色皱纹纸，让孩子们用彩色纸球来进行体育活动，幼儿非常喜欢。在操场上每当用彩色纸球进行体育锻炼时，他们都玩得、练得不亦乐乎。鉴于幼儿非常喜欢玩彩色纸球，便设计了这节"多变的纸球"体能活动。本活动力图使幼儿在用纸球进行动作练习和身体锻炼中获得运动技能，培养良好的身体素质。

目的要求

　　1. 掌握运用纸球进行跑、跳、投掷的动作技能。
　　2. 发展动作的协调性、灵敏性，体现合作的快乐。

教学重点

　　掌握用双脚夹住纸球进行跳、向前抛投的动作技能。

活动准备

　　纸球人手一个，跨过小河的障碍物3个，筐子一个。

活动过程

环 节	活动内容与过程安排	时 间	形 式
准备部分	1. 幼儿手拿一张折叠好的报纸跟随教师一路纵队进场。 （1）围绕场地进行变速走、跑热身锻炼。 （2）在场地中听教师信号自由地四散走、小跑。	3分钟	集体与自由相结合
	2. 成早操队形做头颈、上肢、腰腹、膝盖、脚踝等部位的准备活动操。	2分钟	
教学与练习部分	3. 创意玩纸。 （1）教师：小朋友们，我们用手中的报纸来锻炼，看谁的锻炼方法新、谁的锻炼方法好。 （2）幼儿分散在场地中进行自由探索与锻炼。 （3）教师进行巡回观察、指导，提醒幼儿注意安全。	3分钟	自由
	4. 集中幼儿，交流好的锻炼方法。 （1）有目的地请个别幼儿把自己的锻炼方法向大家演示。 （2）教师根据幼儿的示范进行讲解。 （3）教师带领全体幼儿模仿示范幼儿的方法，用报纸进行有关动作的练习。	5分钟	分组
	5. 双腿夹纸球跳跃教学与练习。 （1）教师指导幼儿将手中的报纸捏成报纸球。 （2）教师示范讲解大腿夹纸球进行跳跃的方法。	3分钟	个别

续表

环　节	活动内容与过程安排	时　间	形　式
教学与练习部分	（3）幼儿把报纸球夹在大腿间，在场地上自由地跳。 （4）幼儿把报纸球夹在膝盖部位，听到教师的信号后从场地一侧跳到场地另外一侧。	4分钟	自由与集体相结合
	6.双脚夹报纸球跳跃教学与运动。 （1）教师示范用双脚夹住报纸球进行向前、后、左、右跳跃的动作要领。 （2）幼儿根据教师的示范进行自由模仿练习。	2分钟	个别与自由相结合
	（3）全体幼儿双脚夹报纸球，听教师信号从场地一侧跳向另外一侧。 （4）分组进行夹纸球连续跳障碍接力比赛。	4分钟	集体
结束部分	7.教师带领幼儿在音乐声中进行拍打手臂、胸腹腰背、大腿、小腿等的放松活动。	2分钟	自由
	8.教师对活动进行讲评后带领幼儿手拿报纸球离开场地。	1分钟	集体

组织与场地图示

1.准备部分

图一　带领幼儿进行走、跑热身活动

图二　做准备活动操——腹背运动

2.教学与练习部分

图三　进行双脚跳示范教学

图四　进行双腿夹报纸球跳示范教学

图五 带领幼儿双腿夹报纸球跳跃锻炼

图六 分组进行夹报纸球跳跃接力赛

3. 结束部分

图七 拍打手臂进行放松活动

图八 拍打双腿进行放松活动

教学建议

　　教师可将报纸球装饰成各种颜色，这样可以吸引幼儿，提高他们的活动兴趣，使小朋友们在轻松、愉快的氛围中进行枯燥的运动，以取得更好的身心锻炼效果。在指导幼儿夹球跳的动作练习过程中要由简单到复杂、由容易到有难度地进行运动要求的设计，如报纸球可以从投远到投准，从随意踢到放在脚面上往指定方向踢，由将报纸球夹在双腿的膝盖部位跳到夹在双脚踝关节处跳等。

（编写：何利敏　改编：陆克俭、李春玲）

9. 跳绳，跨绳（一物多练）

设计思考

　　跳绳、彩色尼龙丝、麻绳等在生活中是非常容易看到、得到的东西，绳是幼儿比较喜欢的一种运动器材。但是，幼儿自由玩绳时常常因为运动技能差、身体素质弱而出现一些绊倒、摔倒的意外事故。因此，指导幼儿玩绳、用绳子锻炼就成为一项不可缺少的教学内容。在幼儿园教会幼儿用正确的方法来玩绳，用有益的玩绳方法有目的地锻炼身体，培养他们良好的运动规则和习惯，就显得非常重要。

目的要求

　　1. 学习绳子的几种玩法，练习走、跑、跳，增强下肢力量。
　　2. 提高身体动作的灵活性和协调性，体验运动的快乐。

教学重点

　　连续跳过地面一定宽度的障碍物。

活动准备

　　每个幼儿一条中等粗的彩色尼龙绳，无障碍物的活动场地，录音机，磁带等。

活动过程

环 节	活动内容与过程安排	时 间	形 式
准备部分	1. 教师带领幼儿一路纵队绕场慢、中速交替跑2～3圈。 2. 在教师带领下幼儿跟着教师的示范一起做摆臂、扩胸、压腿、下蹲、膝、踝关节绕回等热身运动。	4分钟	集体
教学与练习部分	3. 教师：老师手上有一条绳子，我们都能用它来怎么锻炼身体呢？（幼儿回答后）教师：大家都去拿一条绳子，看看自己能进行几种不同的方法来锻炼身体。幼儿在场地上分散锻炼，教师观察指导。	3分钟	分组
	4. 跳跃摆在地上的绳子。 （1）将绳横向面对自己摆在地上，练习双脚并拢来回跳。 （2）将绳纵向面对自己摆在地上，练习来回快跳过绳。	3分钟	集体
	5. 幼儿四人一组进行小组跳跃锻炼。 （1）将四条绳子横向面对小朋友放在地面上，绳与绳之间间隔40厘米左右。四个幼儿按顺序一个接一个地双脚连续跳过四条绳。	4分钟	分组
	（2）将四条绳结成一条长绳纵向面对小朋友，幼儿按顺序由绳的一侧跳向绳子的另一侧，连续行进跳过绳子。	4分钟	

续表

环节	活动内容与过程安排	时间	形式
教学与练习部分	6. 绳子锻炼比赛。 将幼儿分成两个大组，站在场地一侧的起点线。场地上各组三分之二的绳横向间隔摆放，绳与绳的间隔50厘米左右；三分之一的绳子连接起来纵向摆放。 （1）先双脚跳跃过地面上一条条横向摆放的绳子，然后踏上地面上纵向的绳，走过长绳子，跑回起点。如此反复数次。	4分钟	分组
	（2）先单脚跳跃过地面上一条条横向摆放的绳子，然后再用左、右行进侧跳方式跳过长绳，跑回起点。如此反复数次。	3分钟	
结束部分	7. 在音乐的伴随下，教师带领分散在场地上的幼儿进行放松运动：肩胛、胸腹、腰胯、膝盖、脚踝等部位。 8. 整队，教师进行活动总结后，带领幼儿拿绳离开操场。	3分钟	集体

组织与场地图示

1. 准备部分

图一 做准备活动操——上肢运动

图二 做准备活动操——膝部运动

2. 教学与练习部分

图三 探索用绳锻炼的方法

图四 分组进行双脚连跳锻炼

图五 分组进行侧跳锻炼

图六 轮组进行双脚连跳、侧跳

3. 结束部分

图七 进行上肢放松活动

图八 进行腰腹部放松活动

教学建议

　　此活动多为下肢的锻炼，在身体锻炼方面不够全面，所以应该加入一些用绳子进行上肢运动的动作和环节。在教学与练习部分，要给幼儿用绳自由探索、自由运动、自由想象表现的机会，以满足幼儿的天性，但时间不能过长，以免拖沓，流于嬉戏。此外，教学示范应该采用多种方式，可以是教师，也可以让表现好的幼儿来进行示范。

（编写：彭芳草　改编：陆克俭　白　洪）

10. 勇敢的老鼠（技能教学）

设计思考

在户外活动中，孩子们往往喜欢钻爬的游戏，动作千姿百态，有的孩子"爬"着钻，有的孩子"半蹲"钻，还有的孩子"匍匐"前进钻。因为钻的姿势不同，所以孩子们经常会弄得自己的衣裤满是灰尘，因此经过仔细的思考后，我设计了这个关于钻的动作练习的体能活动。

目的要求

1. 掌握侧身钻过不低于60厘米高度的障碍物的动作要领。
2. 熟练地钻过小、中形拱门，培养身体协调性。

教学重点

复习跑、跳等基本动作，新授侧身钻的动作。

活动准备

小椅子4张，拱形门8个（4个小形、4个中形），塑料泡沫垫子8块，小块积木或塑料插塑若干（超过幼儿总数的一倍以上），录音机和音乐磁带或光盘。

活动过程

环 节	活动内容与过程安排	时 间	形 式
准备部分	1. 教师扮演鼠队长，小朋友们扮演小老鼠小跑步出场。在场地上进行走、快走、小跑、快跑锻炼。	2分钟	集体
	2. 在音乐的伴随下小老鼠跟随老鼠队长进行头颈、肩胛、肘部、腰腹、髋部、膝盖、脚踝部运动（主要活动下肢）。	2分钟	
教学与练习部分	3. 老鼠队长：小老鼠们，今天天气真好，大家到操场上去自由活动吧。提示指导幼儿进行跑、跳、爬、转等运动。	5分钟	自由
	4. 教师把拱形门器械按高低不等分开排列，提示和指导幼儿根据自己能力运用各种动作来钻山洞。	3分钟	
	5. 侧身钻山洞示范讲解：接近山洞后，侧身面对"山洞"，微下蹲后一只脚先过圈，低头缩身过圈，最后收另一只脚。请个别幼儿模仿侧身钻山洞的动作。	3分钟	个别
	6. 将幼儿分成四组分开站立在场地一侧的起点线，对应各组场地上放置两个有间隔距离的拱门（小拱门放在前面），在对面一侧的终点线上对应各组各放置一张小凳作为折返点。 当教师发出开始钻山洞的信号后，各组小老鼠依次一个跟着一个地用侧身钻的方法钻过本组的两个山洞，跑向终点线的小凳后折返跑回起点。如此反复进行3～4次。	6分钟	分组

续表

环　节	活动内容与过程安排	时　间	形　式
教学与练习部分	7. 游戏：小老鼠摘神奇果。 游戏规则：将幼儿分成4组进行比赛，分别钻过大小不一的山洞，绕过各种障碍物拿到果子然后跑回来。最后总结，哪队果子摘得多为胜。	4分钟	分组
结束部分	8. 小老鼠分散站立场地上和老鼠队长一起在《小老鼠上灯台》的儿歌声中，自己做拍胸脯、大腿、小腿的动作，互相做拍胳膊、腰背等放松运动。 9. 教师对活动进行总结后，和幼儿一起收拾场地退场。	3分钟	集体

组织与场地图示

1. 准备部分

图一　做准备活动操——腰部运动　　　　　图二　做准备活动操——下肢运动

2. 教学与练习部分

图三　自由进行钻爬运动　　　　　　　　　图四　教师进行钻拱门示范讲解

图五 分组进行钻的动作锻炼

图六 分组进行钻、爬比赛

3. 结束部分

图七 带领幼儿收拾场地器材

图八 带领幼儿进行放松活动

教学建议

活动过程中教师既要给予幼儿充分的探索、练习和锻炼的时间,又要为幼儿提供充足的、各种高低不等"钻"的运动器材,从而不断地激发和保持幼儿参与运动和锻炼的兴趣和积极性,达到掌握教学动作技能、锻炼幼儿身心的目的。在练习、比赛的环节中教师要提示孩子注意遵守侧身钻的动作要求,不能因为图比别人快而不遵守动作要求和竞赛的规则。

(编写:孙思惠 改编:陆克俭、白 洪)

11. 炸碉堡（一物多练）

设计思考

中班幼儿基本动作能力与小班幼儿相比有了提高，他们活泼好动，喜欢运动，解放军战士是他们熟悉和常常模仿的对象。因此，特为中班幼儿设计了以解放军为角色，以军旅生活为内容的体能活动，这样既可以调动幼儿参与动作练习、素质锻炼的积极性，又可以培养他们勇敢、守纪、不怕困难等良好的心理品质。

目的要求

1. 学习上下肢协调用力、正面挥臂投掷动作的正确方法。
2. 通过肩、臂等部位肌肉的力量练习，调动对体育活动的兴趣，培养机智、勇敢，遵守纪律的品质。

教学重点

新授投掷动作并加以练习。

活动准备

1. 教师哨子一只，280ml瓶子内装1/3黄豆为手榴弹若干，设置障碍的海绵垫、雪糕桶、平衡木、大沙包，大筐、投掷用的靶子（大纸箱背面有绘制的"敌人头像"为碉堡）等。
2. 录音机和光盘：音乐《我是一个兵》《打靶归来》。

活动过程

环节	教学活动内容安排	时间	形式
准备部分	1. 教师做教官，幼儿做小士兵。在《我是一个兵》的音乐声中，排成两队齐步走入操场，围着场地周围进行走、跑锻炼。	2分钟	
	2. 小士兵在教官的指挥下按早操队形排列4队，在教官的口令下进行各队报数"1、2、3、4、5……"。	1分钟	集体
	3. 在教官的带领下小士兵们做稍息、立正、敬礼、冲拳、踢腿、刺杀等动作。	2分钟	
教学与练习部分	4. 教官：解放军战士有哪些本领？请排好队的士兵们一切行动听指挥，一起模仿解放军叔叔的本领：四面转、行进间前后转、打枪——上肢运动、拼刺刀——下蹲运动、开炮——体转运动、骑马——全身运动。	4分钟	集体
	5. 教官带领士兵们练本领。 （1）教官：要想去炸毁敌人的坦克、大炮、碉堡、军火库等等，用什么方法？幼儿自由回答。待幼儿说出用手榴弹消灭，教官让男兵女兵分别站在起始线上用力向前投掷手榴弹（蒸馏水瓶），鼓励幼儿争取投过前方的封锁线。	5分钟	集体

续表

环节	教学活动内容安排	时间	形式
教学与练习部分	（2）教官在观察幼儿探索学习的基础上，请1~2名幼儿进行示范。	2分钟	个别
	（3）教官重点示范讲解投掷动作，以儿歌提示要领：右手握手榴弹举起，左脚跨前半步，身体微侧，一二——三！投向前方。集体空手练习两次，教官随机指导，纠正幼儿动作。 （4）让幼儿根据教官的要求进行手榴弹投掷练习，教官进行个别指导。	5分钟	分组
	（5）教官吹哨子：全体紧急集合，马上执行司令部的命令，进行军事学习，做投弹手，穿过封锁线，用手榴弹将碉堡全部炸毁。幼儿进入角色进行实战演习。	3分钟	集体
	6．教师吹哨子，全体幼儿集合。总结士兵们投掷手榴弹的情况，胜利完成炸碉堡任务。	2分钟	集体
放松部分	7．教官带领小兵们在《打靶归来》的音乐声中，进行洗脸、洗头、擦身、搓背、摇腿等放松活动。 8．教师带领大家收拾场地上的各种器材后，离开场地。	3分钟	集体

教学与场地图示

1. 准备部分

图一 带领幼儿变速跑热身

图二 做准备活动操——上肢运动

2. 教学与练习部分

图三 探索投准的动作方法

图四 示范讲解投准的动作要领

图五 分组进行投准练习

图六 进行爬、跳、投掷、走平衡循环锻炼

3. 结束部分

图七 进行上肢放松活动

图八 带领幼儿离开场地

教学建议

　　活动过程由始至终都应该以解放军这个角色进行，提醒幼儿按解放军来要求自己，约束自由散漫的行为。在教学活动中教师的动作示范要用分解的方法，要让幼儿在多次练习中感知动作要领，所以，投掷的次数要达到一定的数量，要让幼儿左、右手都进行投掷练习和锻炼。动作讲解要重点突出"后腿用力，手臂用力"向前上方掷出手中的物体。活动中注意幼儿能力和体力的个体差异，考虑到不同的层次，提供不同距离的投掷目标供幼儿练习。

（编写：涂美霞　改编：陆克俭、李春玲）

12. 谁跳得高（素质锻炼）

设计思考

幼儿在平时的体育活动中多以自发的向前跳跃为主，而纵跳练习却很少锻炼。因此，特设计了"跳得高"这个体能活动，力图通过纵跳丰富幼儿的跳跃练习内容，增进幼儿下肢的爆发力，提高幼儿上下肢运动的协调性，让孩子享受跳跃的乐趣，培养幼儿勇于接受运动高度、难度、强度挑战的勇气和精神。

目的要求

1. 初步掌握双脚用力向上跳的动作技能，增强下肢的爆发力。
2. 提高运动中上下肢配合、协调的能力，培养勇于进取的精神。

教学重点

复习走平衡木，新授加强屈膝双脚向上跳。

活动准备

塑料大积木8对，平衡木两条，红色锥形桶两个，录音机和音乐光盘。

活动过程

环节	活动内容及过程安排	时间	形式
准备部分	1. 教师带领幼儿成一路纵队方式小跑进入操场，在场地中进行慢跑、中速跑交替运动。	2分钟	集体
	2. 在教师的带领和示范下，幼儿在音乐的伴随下做踏步摆臂、扩胸、扭腰、屈膝、转圈、抖腿、转脚腕等动作练习。	2分钟	
教学与练习部分	3. 幼儿结对比一比看谁跳得高。幼儿两两结伴（以身高相近为准），A幼儿踮脚向上高举右手，B幼儿跳起用一只手触碰A幼儿高举的手，看谁的触碰点高。每个幼儿跳三次交换角色，高举的手要左右手轮换。教师巡视幼儿纵跳触手的情况。	3分钟	自由组合
	4. 停止活动，集中幼儿，请幼儿回答怎样才能跳得更高。 （1）请幼儿进行动作示范，教师进行讲解，强调"下肢屈膝→双臂摆动→双脚同时用力蹬地→向上伸出一手触碰"的动作过程和要领。全体幼儿跟随教师的要领进行多次练习。	4分钟	个别与集体相结合
	（2）幼儿重新结对，按正确的示范讲解要求再次进行纵跳触手动作练习。教师巡回指导。	3分钟	自由组合
	5. 幼儿分成两大组，跳跃在场地上摆放的障碍物。 （1）塑料桩成两组，一组4个；红色锥形桶一组一个。幼儿听到口哨后，屈膝双脚跳过高10厘米的障碍，绕过红色锥形桶，从队伍两侧跑回至队尾。	2分钟	分组

续表

环　节	活动内容与过程安排	时　间	形　式
教学与练习部分	（2）塑料桩成两组，一组4个，设高20厘米的障碍，平衡木一组一条，要求屈膝双脚跳过障碍，走过平衡木，从队伍两侧跑回至队尾。	2分钟	分组
	（3）塑料桩成两组，一组4个高20厘米，一组4个高30厘米，平衡木一组一条。教师鼓励幼儿跳过第一组20厘米高的障碍后去挑战30厘米高的障碍，如不能挑战30厘米高的幼儿则继续进行第一组20厘米高的跳跃练习。	3分钟	
	6.循环练习：从起点处出发，进行由低到高障碍的跳跃，中间绕过两个红色锥形桶和走过一条平衡木，最后回到原点。	2分钟	分组
结束部分	7.教师带幼儿在音乐声中进行身体放松活动：拍拍胳膊，拍拍腿，闭上眼睛前后各走三步，看能否回到原点。 8.教师对活动进行总结后，带领幼儿收拾物品离开场地。	3分钟	集体

组织与场地图示

1. 准备部分

图一　带领幼儿跑步热身

图二　做准备活动操——上肢运动

2. 教学与练习部分

图三　结对进行看谁跳得高练习

图四　进行纵跳示范、讲解和练习

图五 分组进行跳跃障碍物练习

图六 进行跑、跳、走平衡循环锻炼

3. 结束部分

图七 进行上肢放松活动

图八 进行下肢放松活动

教学建议

  跳跃是一项对身体下肢关节肌肉要求高、冲击力大的运动，因此教师在准备活动中一定要充分运用变速跑来热身，用准备活动操来拉伸下肢膝关节、踝关节部位的韧带和肌肉，以免因准备不足而造成下肢受伤。此外，教学与练习要注意提示幼儿：双脚起跳，双脚落地，强调屈膝下蹲的动作。教师要注意教学难点的突破：双腿屈膝下蹲缓冲，双脚同时用力向上跳，进行递进的高度挑战。

（编写：王　昊　　改编：陆克俭、李春玲）

13. 勇敢的伞兵（技能教学）

设计思考

幼儿在日常生活、户外体育游戏中喜欢从高处跳下，高跳下运动如不经学习和指导对于幼儿往往是一项具有危险的运动。这是因为幼儿自我保护能力差，下肢关节、肌肉比较柔弱，稍有不当就会出现意外伤害事故。因此，特设计了"勇敢的伞兵"这个体能活动。本活动力图通过角色模仿学习活动，让幼儿学会从高处往下跳的正确方法，通过反复多次的练习，提高幼儿的跳跃能力。

目的要求

1. 能从50厘米左右的高处往下跳，学会用摆手、屈膝的方法保持平衡，缓冲力量。
2. 培养勇敢、坚强、守纪律的品质。

教学重点

新授从高处往下跳的动作并加以练习。

活动准备

小椅子幼儿每人一张，高凳子8张，垫子8张，桩桶4个，圈4个。

活动过程

环节	活动内容与过程安排	时间	形式
准备部分	1. 幼儿在教师带领下进入场地。带领幼儿绕操场慢跑2圈（由慢到稍快，再由稍快到慢）。	2分钟	集体
	2. 在教师的带领下，师生一起做准备活动操：头颈→手臂→肩胛→腰腹→髋关节→膝盖→脚踝等部位。	2分钟	
教学与练习部分	3. 教师：解放军里有一支最最勇敢的伞兵队伍。今天我们来做小伞兵，大家先在操场上自由模仿伞兵的跳伞训练动作吧。幼儿在场地上进行伞兵模仿动作练习。	2分钟	自由
	4. 从小椅子上往下跳的动作讲解示范与练习。 （1）幼儿排成扇形队列，教师侧对幼儿进行从上往下跳示范讲解：两手前后自然摆动，膝盖随手臂摆动自然弯曲，再充分向上伸展，往下跳。 （2）请几个幼儿模仿教师动作，教师进行动作要领提示。落地时前脚掌先着地，膝盖稍弯曲呈蹲状。	3分钟	集体与个别相结合
	（3）幼儿集体原地进行8～10次"下蹲→摆臂→蹬跳→落地→站起"的动作练习。	3分钟	
	5. 幼儿每人从场外搬一张小椅子分散在场地上各自进行从小椅子上跳下的动作锻炼。教师巡回进行个别指导。	3分钟	自由
	6. 高凳跳下重点示范讲解。 （1）一高凳前下方摆放一张垫子，垫子上有一个圈。教师示范讲解：登上高凳站立→屈膝摆臂、蹬凳跳下、落在垫子上的圈内。 （2）请能力强的幼儿上前模仿、示范，教师进行重点讲解。	3分钟	集体与个别相结合

续表

环 节	活动内容与过程安排	时 间	形 式
教学与练习部分	7. 体能游戏：勇敢的小伞兵。 （1）场地布置4列：起点→4张间隔1米的小椅子→两张高凳（前有垫子、垫子上有圈）→4张间隔1米的小椅子→折返点（桩桶）。 （2）将幼儿分成4组依次站立在场地起点。当教师发出开始信号后，幼儿一个接一个地进入场地进行高跳下循环锻炼。	5分钟	分组
放松部分	8. 幼儿两两结伴，在教师提示示范下互相拍打对方的肩背、腰腹，自拍打大腿、小腿等身体部位进行放松活动。 9. 教师进行活动总结后，师生一起收拾场地器材离开操场。	3分钟	集体

组织与场地图示

1. 开始部分

图一 做准备活动操——上肢运动

图二 做准备活动操——膝部运动

2. 教学与练习部分

图三 高跳下动作讲解、示范

图四 集体进行高跳下练习

图五 分组进行高跳下锻炼

图六 分组进行高跳下比赛

3. 结束部分

图七 指导幼儿收拾场地器材

图八 结伴进行放松活动

教学建议

　　高跳下是一项对幼儿下肢、脊柱和小脑冲击力很大的运动，因此活动的准备部分要有针对性地对下肢、头颈、腰背部位做充分的预热和拉伸，以免幼儿跳跃过程中发生伤痛。高跳下的高度距离要逐步提高，并设置几个不同的高度，让幼儿根据自己的能力和勇气进行选择、尝试与练习。要特别注意当高跳下的高度到40厘米以上时，幼儿跳下的落地处要放置软垫，给予幼儿安全保护以免发生意外。本活动的教学重点要放在指导幼儿从高处跃下时屈膝落地并保持平衡。

（编写：魏　霞　改编：陆克俭、白　洪）

14. 走平衡（素质锻炼）

设计思考

平衡是人体的基本运动素质之一。幼儿在生活活动中、户外运动时保持身体姿态的平衡、控制身体的稳定是非常重要的。小、中班幼儿在走、跑、跳等基本动作方面不够灵活、协调、熟练，这与幼儿园、家庭忽视锻炼他们的平衡能力有着密切的关系。所以，重视幼儿基本身体锻炼，增强幼儿运动平衡能力，应该成为幼儿体能活动的一个重点。

活动要求

1. 练习在宽15～20厘米平行线中间走、跑，发展平衡的能力。
2. 培养遵守规则、互相避让、注意安全的行为习惯，激发对体育活动的兴趣。

活动重点

走、跑运动中的身体平衡能力训练。

活动准备

塑料或不锈钢小碗每人一个，盛有水的塑料桶4个（按分组而定），平衡板4条、平衡桥两座（按分组而定）。

活动过程

环 节	活动内容与过程安排	时 间	形 式
准备部分	1. 教师带领幼儿（每人手拿一个小碗）一路纵队绕场地周围走跑2～3圈后，幼儿进入场地分散自由走、跑。 2. 在教师的带领下，幼儿在音乐声中做准备运动操：头屈、头转、甩臂、扩胸、体转、腹背、屈膝、下蹲、跳跃等。	3分钟	集体与自由相结合
教学与练习部分	3. 幼儿进场，在音乐声中自由进行"头顶碗走""腋下夹碗跑""双膝夹碗跳""背负碗爬""抛接小碗""跳过在地上的小碗"等动作的锻炼。	2分钟	分组
	4. 场地上放置几块平衡板后，教师：小朋友们，把碗顶在头上到场地上去尝试走平衡吧。 教师巡回指导在平衡桥上走平衡的幼儿。	2分钟	自由
	5. 幼儿到场地边的水桶中装半碗水后，进入场地中。 （1）幼儿单脚独立单手平举碗锻炼（左右脚要交换）。 （2）单手端碗在场地中走、走平衡桥的锻炼（左右手要交换）。 （3）头顶装有半碗水的碗在场地上进行慢走、在平衡板上走的锻炼。	4分钟	集体与自由相结合

续表

环 节	活动内容与过程安排	时 间	形 式
教学与练习部分	6. 要求幼儿分散在场地上站立，互相保持较大的距离。将手中的碗放在自己的脚下，然后听教师要求活动。 （1）在场地上自由地绕着身边的几个碗走、跑。提醒幼儿不要碰到他人和碗。 （2）手脚着地在地面上绕着身边的几个碗爬行。要求幼儿互相避让，并且不要碰到地上的碗。	5分钟	集体
	7. 幼儿分4组，1、3组在起点，2、4组在终点。1、2组对应，3、4组对应进行端碗传递接力。4个碗从1、3组的第一个小朋友开始进行。 （1）左右手各端半碗水走过2条平衡板进行传递碗接力。 （2）左右手各端半碗水走过1座平衡桥进行传递碗接力。	6分钟	分组
结束部分	8. 教师带领幼儿在音乐声中进行独自的转头、摆臂、甩腿和幼儿两两互相捏肩、捶背、抖脚放松运动。 9. 教师进行活动讲评后，带领幼儿收拾器物离开场地。	3分钟	集体

组织与场地图示

1. 准备部分

图一 走跑交替热身活动

图二 做准备活动操——跳跃运动

2. 教学与练习部分

图三 平衡动作示范教学

图四 走平衡凳动作练习

图五 手脚着地S形爬

图六 分组进行走平衡凳比赛

3. 结束部分

图七 带领幼儿收拾场地器材

图八 互相进行腰、背、腿放松活动

教学建议

　　教学重点是指导幼儿用正确的方法进行端水、单腿站立的练习，以此来锻炼幼儿控制身体的平衡能力。教学难点要放在指导幼儿走过高20～30厘米、宽20～15厘米的平衡桥。在幼儿单腿站立锻炼时，要提醒幼儿注意控制身体摇晃；有条件的话，教学活动最好选择在铺设有安全地垫的场地或草地上进行，尽量避免在坚硬的水泥地面上进行练习。幼儿端水碗在平衡桥上行走时，教师要在一侧进行防护，防止孩子因紧张而跌倒。

（编写：陈倩倩　改编：陆克俭、李春玲）

15. 听信号做运动(素质锻炼)

设计思考

中班的幼儿在走跑跳的基本动作方面已经有所发展,但是他们在走、跑、跳的运动能力方面还比较弱,尤其在各基本动作的转换速度方面、在对运动的信号反应速度方面还比较差。因此,有必要设计一类提高中班幼儿听信号快速做出不同动作的体能活动,以提高中班幼儿动作反应速度,培养运动中快速转换动作的能力。

目的要求

1. 能迅速辨别教师口令的差异和按要求做出相应的动作,提高反应能力。
2. 通过反复循环的相关动作练习,培养坚持性和身体的耐力。

教学重点

听、看不同信号提示快速地做出相应的身体动作。

活动准备

口哨,录音机,快慢节奏的音乐、不同人唱的歌曲的录音磁带或光盘。

活动过程

环 节	活动内容与过程安排	时 间	形 式
准备部分	1. 教师带领幼儿成一路纵队进入场地,先围绕场地进行走、跑交替运动,绕场3圈后,指令幼儿进入场地中进行自由分散小跑。教师提醒幼儿注意速度和互相避让。	2分钟	集体与自由相结合
	2. 教师在场地中央,幼儿分散在场地上面对教师,师生一起做准备活动操:摇头、伸懒腰、吸气呼气、甩臂、扭腰、弯腰、踢腿蹬腿、蹲下跳起等。	2分钟	
教学与练习部分	3. 听音乐变换动作。 (1)教师:当播放节奏缓慢的音乐时,大家在场地上四散走;当播放节奏快的音乐时,大家就在场地中四散小跑。 (2)幼儿听音乐进行走、跑交替锻炼。	3分钟	集体
	4. 听歌曲变换动作。 (1)教师:当播放小朋友唱歌时,大家在场地上学小兔双脚跳;当播放大人唱歌时,大家单脚在场地上跳。 (2)幼儿听歌曲声进行双脚跳、单脚跳锻炼。 口哨声代表运动时速度的改变,如由快变慢,由慢变快。	3分钟	集体
	5. 听口哨变换动作。 (1)教师:当听到一声长而响亮的哨音时,大家按顺时针方向在场地上转圈中速跑;当听到连续短促的哨音时,大家就转身逆时针方向跑。 (2)幼儿听口哨声顺时针、逆时针方向围绕场地跑。	5分钟	集体

续表

环 节	活动内容与过程安排	时 间	形 式
教学与练习部分	6. 看教师手指挥的方向变换前、后、左、右方向，看教师手势做动作（走、双脚跳、单脚跳、四肢着地爬）变化动作。 （1）教师站立在场地一侧边缘，幼儿站在场地中。 （2）教师：我手指着你们身后方向并做出动作，大家就按示范的动作和所指的方向进行运动。 （3）幼儿看教师的动作和指示方向进行身体运动。	5分钟	集体
结束部分	7. 在音乐声中，幼儿和教师随意在场地上自由地做舒缓、轻松、柔软的放松动作。 8. 教师进行活动总结后，带领幼儿离开运动场。	4分钟	自由与集体相结合

组织与场地图示

1. 准备部分

图一 做准备活动操——上肢运动

图二 做准备活动操——下肢运动

2. 教学与练习部分

图三 听信号在场地中分散走和跑

图四 在大圆上听信号进行变速跑

15. 听信号做运动（素质锻炼）

图五 在大圆中进行爬行锻炼

图六 在场地中听信号变换方向爬

3. 结束部分

图七 进行头颈部放松活动

图八 进行腿部放松活动

教学建议

　　活动开始前要有意识地让幼儿熟悉本活动中一些信号的含义，然后再要求幼儿听信号进行身体动作的变换练习。可以用音乐伴随和提示幼儿在运动中变换动作的节奏，可以选择两到三种，应由相对缓慢到相对快速，再由相对快速到相对缓慢。活动中使用的信号可以增加，如动物的叫声、交通工具的鸣笛声、自然的风雨、雷电声等等，以提高幼儿的运动兴趣。

（编写：占志豪　改编：陆克俭、白　洪）

16. 大力士（素质锻炼）

设计思考

球类体育游戏中常常看到幼儿喜欢把球往空中抛。由于幼儿抛接球的方法不当，安全意识不强，常发生抛起的球落下时砸到自己或别人的情况。因此设计了这节抛接球的技能教学活动，力图让幼儿掌握正确地抛接球的方法，熟练他们抛接球的运动技能，锻炼他们的身体，提高他们的运动能力，培养他们的安全意识。

目的要求

1. 掌握正确的抛接、滚球动作技能，增进上肢力量。
2. 提高手、眼、脑在运动中的协调性与敏捷性。

教学内容

抛接球动作练习。

教学准备

录音机和音乐光盘，球和幼儿人数相等。

活动过程

环节	活动内容与过程安排	时间	形式
准备部分	1. 教师带领幼儿一路纵队走步入场，在教师的哨声中进行快、慢速度走跑热身运动。	2分钟	集体
	2. 带领幼儿做热身准备活动操：髋关节、膝关节运动（蹲下、起来，根据教师的哨声快、慢交替练习）、手臂运动（听哨声快、慢，举起、放下交替练习）。	2分钟	
教学与练习部分	3. 球类运动探索活动。 （1）教师：小朋友用球都可以进行什么运动？我们大家模仿运动员用球来锻炼吧！ （2）幼儿分散在场地中进行球类运动模仿锻炼。 （3）教师进行巡回指导，提醒幼儿注意安全。	3分钟	个别与自由相结合
	（4）幼儿按教师要求一起进行拍球、双手抱球双脚原地连跳、用左右手拨滚地面的球等运动练习。	2分钟	
	4. 高抛、接球教学与练习。 （1）教师：如果球从空中掉下来怎么办？（幼儿回答后）教师：小朋友，我们今天来当一个大力士。 （2）教师进行抛接球动作要领示范讲解，提示动作重点：伸臂迎球，手指自然分开，当手指触及球时，手臂随球后引，缓冲来球力量，保持身体平衡。幼儿原地做摆臂练习。	3分钟	个别与自由相结合
	（3）请几个幼儿模仿教师的示范动作，教师进行提示指导。 （4）幼儿分散自由练习，教师巡视并进行个别指导。	2分钟	

续表

环 节	活动内容与过程安排	时 间	形 式
教学与练习部分	5.结对互相抛接球教学与练习。 （1）集合幼儿，教师示范讲解互相抛接球动作要领。 （2）请两个小朋友进行示范，其他幼儿观看，教师指导。 （3）幼儿找朋友，两人保持1～1.5米距离进行抛接球练习，教师进行指导。	3分钟	个别与自由相结合
	6.进行滚球练习与比赛。 （1）幼儿分散在场地中单手轻推地面的皮球向前滚。 （2）分组进行单手滚球接力比赛：前面一个幼儿按"起点→终点→起点"滚回球后，后一个幼儿出发。	3分钟	自由与分组相结合
结束部分	7.幼儿在教师的带领下跟着音乐节奏进行头颈、肩胛、手臂、大腿、小腿等部位的放松运动。 8.教师对活动进行总结后，带领幼儿一起收拾器材退场。	5分钟	集体

组织与场地图示

1. 准备部分

图一 带领幼儿进行变速跑热身

图二 做准备活动操——上肢运动

2. 教学与练习部分

图三 探索用球锻炼身体的方法

图四 讲解示范高抛球的动作要领

图五 集体进行高抛球的动作练习

图六 分组进行滚球接力比赛

3. 结束部分

图七 进行上肢放松活动

图八 进行下肢放松活动

教学建议

　　针对中班幼儿的能力来进行教学与练习，不能要求过高。在教学中重点指导幼儿对抛接球基本要领的掌握：上抛球时要双手同时向上用力，接球时肩、臂、腕、指放松，伸臂迎球，手指自然分开，当手指触及到球时，手臂随球后引，保持身体平衡。教师可以采用报纸球先行练习再用皮球进行练习的方法，这样可以分解抛接球的难度，取得良好的教学、练习和锻炼效果。

（编写：梁丽燕　改编：陆克俭、白　洪）

17. 去秋游（一物多练）

设计思考

生活化、形象化、情趣化、故事化是幼儿园体育"儿童化"的基本特征。秋游是幼儿园小朋友喜欢的生活教育活动。利用秋游主题，有机地将走、跑、跳、爬等枯燥的动作练习与具体、形象的秋游情节、过程结合设计成一个体能锻炼活动，定会为幼儿所喜爱，从而收到理想的体育锻炼效果。

教学目的

1. 提高双脚并拢直线两侧行进跳的能力，增进下肢力量和上下肢动作的协调性。
2. 培养对体育活动的兴趣和活泼开朗的性格。

活动重点

指导进行跳跃（重点双脚并拢直线两侧行进跳）、钻、爬等动作练习。

活动准备

课前丰富幼儿秋游的知识，激发幼儿对秋游活动的兴趣；每个幼儿两个附有松紧带、装有豆粒的小矿泉水瓶子。

活动过程

部 分	活动内容与过程安排	时 间	形 式
准备部分	1. 教师：秋天到了，小朋友们，我们今天去植物园秋游吧。大家上车，开车！ 教师在前，幼儿跟在后面进行走、大步走、小步跑、中速跑等热身活动练习。	2分钟	集体
	2. 带领幼儿做准备操：东张西望、踮脚尖远看、转身看后面、摇手打招呼、急刹车前后摇晃、下蹲停车等肢体活动。	2分钟	
教学与练习部分	3. 教师：车来到山脚下，下车吧，在车上坐了很久累了吧，大家到草地上去自由活动身体吧。 幼儿分散在场地上做各种身体活动：走、跑、跳、爬等。教师观察引导。	3分钟	自由
	4. 教师：现在我们要出发登山了，前面有几条小河沟，我们要跳过去。 （1）教师讲解示范双脚跳跃小河沟（矿泉水瓶）的方法。 （2）请几个幼儿模仿示范，教师进行动作要领讲解。 （3）幼儿分成4个小组进行跳小沟锻炼，反复跳跃4～6个来回（各组幼儿鱼贯式地进行双脚并拢跳过倒放在地的矿泉水瓶子）。	6分钟	个别与集体相结合
	5. 穿越森林，跳越倒在地面的树干。 （1）教师示范双脚直线两侧行进跳。 （2）幼儿分成4组，在各组前方的地面上将8～10个大矿泉水瓶子倒卧连接成一长条形。当教师发出跳跃的信号后，各	4分钟	分组

续表

环 节	活动内容与过程安排	时 间	形 式
教学与练习部分	组幼儿以鱼贯方式的进行双脚并拢连续行进间侧跳过障碍物（各组幼儿反复进行3~4回）。 6. 攀爬岩石：在场地上将矿泉水瓶子倒卧组成两个山形的尖峰。将幼儿分成两大组，教师发出"爬山"口令后，各组幼儿按顺序顺山形的一端四肢着地，开始向另外一端爬行（反复进行2~3回）。	3分钟	分组
	7. 庆祝登上山顶。 教师：小朋友们，我们到达山顶啦，大家来庆祝吧。 在音乐声中幼儿做跳舞、唱歌、跑、跳、喝、吃东西等动作。	2分钟	自由
结束部分	8. 下山：教师带领幼儿在场地上一边小跑，一边做摇头、摆臂、摇腰、拍腿、甩臂等轻松而欢快的放松动作。 9. 来到山下，师生收拾场地后，教师：大家上车吧，开车回家了！教师带领幼儿小跑步离开场地。	3分钟	自由与集体相结合

组织与场地图示

1. 准备部分

图一 进行跑步热身活动

图二 做准备活动操——上肢运动

2. 教学与练习部分

图三 跳跃动作示范、讲解和练习

图四 分组进行行进侧跳锻炼

17. 去秋游（一物多练）

图五 分组进行"爬山"运动

图六 到达"山顶"后的欢跳运动

3. 结束部分

图七 用瓶敲打腿部进行放松活动

图八 进行慢走放松后离开操场

教学建议

　　活动前应让幼儿回忆秋游时的经过和场景，这样可以激发和维持幼儿在活动中的积极性和参与锻炼的持续性。活动的动作设计要多样化：上肢、腰腹、下肢部位动作的练习要全面。场地器材的使用要尽量简便易用，并可以随着活动环节的变化设置出易于动作锻炼的不同场景，以提高幼儿运动的积极性，取得良好的身心锻炼效果。

（编写：陆克俭　陈德祥）

18. 青蛙捉害虫（素质锻炼）

设计思考

跳跃是幼儿园体育活动的一项基本内容，跳跃训练对幼儿的身体素质、运动能力的提高有特别的帮助。但是由于做连续性的跳跃动作对身体的体力和体能要求较大，幼儿容易产生兴趣上的疲劳和怕苦怕累的情绪，所以一直没能发挥其特有的锻炼作用。青蛙是幼儿喜欢观赏和模仿的小动物之一，因为它跳得远、跳得高，常为人们除害而为幼儿喜爱和钦佩。于是我们以小青蛙为角色设计了这个体能活动，以期达到玩中学习、学中练习、乐中锻炼的目的。

目的要求

1. 在活动中，学会自然、协调地挥臂向前跳，感受挥臂向前的带动力。
2. 激发对跳跃运动的兴趣，发展爆发力、平衡性和下肢耐力。

教学重点

进行双脚并拢向前连跳、纵跳取物动作技能的教学与练习。

活动准备

青蛙头饰（与幼儿人数相同），害虫（多于幼儿数量），塑料板（其中一面有单脚或双脚的脚印）、胶圈、"禾苗"若干。

活动过程

部 分	活动内容与过程安排	时 间	形 式
准备部分	1. 幼儿集中在场地一侧做青蛙冬眠状。录音机传来春天轰隆隆的打雷声。这时小青蛙们醒来跟随青蛙妈妈一起跑到场地上走、跑交替，欢快地活动四肢和身体。	2分钟	集体
	2. 青蛙妈妈：冬天过去了，春天来了，太阳出来了，我们一起来做操。 跟着青蛙妈妈做摇头、转头、甩臂、弯腰、蹲站、扭腰、转膝、踢腿、踏脚等身体动作。	2分钟	
教学与练习部分	3. 青蛙妈妈：小青蛙们，你们都有什么本领？（幼儿回答后）青蛙妈妈：大家一起到草地上去展示一下自己会几种本领。幼儿分散在场地上做跳、跑、爬、扑、游泳等动作。	3分钟	集体
	4. 集中进行双脚并拢向前跳跃的教学示范与动作要领讲解。双脚并拢→双腿弯曲→双手前后摆动→双脚蹬地向前上方跳起→双脚落地。教师示范后，幼儿在教师动作要领的提示下进行动作模仿活动。反复多次，直到熟悉动作要领。	3分钟	个别与集体相结合
	5. 在场地上用四张凳子和橡皮筋拉出一个大长方形，皮筋与地面的高度为20厘米左右。幼儿自由地在四周跳入跳出练习动作要领。	2分钟	自由

续 表

环 节	活动内容与过程安排	时 间	形 式
教学与练习部分	6. 再加五张椅子和皮筋，将大长方形分割成四个方形。青蛙妈妈：春天到了，田里水稻、玉米、青菜和河里的莲藕都发芽了，过几天害虫要出来吃这些植物了，大家赶紧到田里去练习跳跃本领。 幼儿分成四组分别在青菜地、玉米地、稻秧地、莲藕田里进行跳跃锻炼。	4分钟	分组
	7. 进行小组轮换，每只青蛙都要到其他的田里锻炼一下跳跃的本领。提醒：不要踢、踩到田里的植物。	3分钟	轮组
	8. 游戏：捉害虫。 将幼儿分成四组，站在场地一侧的起点线后，场地对面一侧吊起一条绳子，上面挂有各种害虫。发出开始捉害虫的口令后，各组一个接一个地跳出：跳过菜苗、秧苗、荷叶、玉米苗后，到终点捉一只害虫从场地外围跑回。	5分钟	分组
放松部分	9. 看看大家都捉到了哪几种害虫，小青蛙在音乐声中做吃害虫、擦嘴、擦脸、洗头、游泳、打水、晒太阳等放松动作。 10. 教师进行活动总结后，大家收拾场地回教室。	4分钟	自由与集体相结合

组织与场地图示

1. 准备部分

图一 绕场地变速跑进行热身

图二 模仿小青蛙做准备活动操

2. 教学与练习部分

图三 模仿青蛙在场地中自由地跳跃

图四 示范、讲解，学习正确跳跃动作

图五 轮组在四块"田"里进行跳跃练习

图六 分组进行跳跃障碍"捉害虫"比赛

3. 结束部分

图七 带领幼儿收拾场地器材

图八 在音乐声中做肢体放松活动

教学建议

　　活动前应丰富幼儿关于青蛙的知识,了解青蛙一年中的生活规律,了解青蛙的捕食活动等,这对提高幼儿参与活动兴趣具有积极的促进作用。另外在活动设计环节上要考虑场地布置的变化,要用一些不同的物品与动作变化互相结合,变化的跳跃动作与场地中的器具之间要有暗示的默契。在幼儿体育活动的组织方式上要注意采用自由、集体、分组、轮组等多种形式。

（编写：陆克俭、陈德祥）

19. 我的力气大（素质锻炼）

设计思考

体育游戏中通常下肢运动机会较多，例如幼儿的跑步、连续跳、跳远、跳高、跨跳等等，而有目的的手臂力量的训练相对就弱了许多。针对这一问题，我以幼儿投掷练习为形式，增强手臂力量为目的，设计了这个教学活动。

目的要求

1. 通过推、拉、扔等动作练习，增强四肢力量。
2. 提高运动的协调性、灵活性。

教学重点

手臂力量、协调性的锻炼。

教学准备

报纸捏的纸团，4个塑料筐，锥形柱4个。

教学过程

环节	活动内容与过程安排	时间	形式
准备部分	1. 教师：今天，老师来做兔妈妈，小朋友来当兔宝宝，兔宝宝围在兔妈妈身边做小兔模仿操（伸展运动、下蹲运动、扩胸运动、体转运动、腹背运动、跳跃运动）。	2分钟	自由与集体相结合
	2. 幼儿站成圆形做头颈、胸腹、手臂、手腕、双脚、脚踝等部位的运动准备活动。	2分钟	
教学与练习部分	3. 大力士模仿活动。 （1）教师：小朋友们，运动员中有哪些是大力士？（幼儿回答后）教师：大家来模仿大力士做运动吧！ （2）幼儿在场地中自由模仿大力士的动作和运动。 （3）教师进行巡视、指导，提醒幼儿注意动作的安全。	3分钟	自由
	4. 双手互推锻炼。 幼儿两两自由结伴，近距离面对面站立，两人双手手掌相对互握，A幼儿左手推B幼儿的右手；B幼儿握A幼儿的右手慢收，握A幼儿右手的左手前推，两人四只手臂互相来回地做推、收手臂运动。	2分钟	自由结对
	5. 互相推手锻炼。 幼儿自由结队散立在场地中，一对一地面对面站立并双手胸前平举互相推顶，看谁先被推顶后退五米的距离。可以不断更换对手，努力找到势均力敌的推手伙伴。	3分钟	自由结对
	6. 拉小车运动。 （1）幼儿分成人数相等的两个组，A组与B组两两结对拉手在场地一侧的起点上，其中A组的幼儿半蹲面对场地，B组的幼儿拉着A组幼儿的手背对场地。	5分钟	分组

环 节	活动内容与过程安排	时间	形式
教学与练习部分	（2）当听到教师发出拉车的信号后，B组的幼儿拉着下蹲的A组幼儿在场地以后退的方式向场地终点运动。 （3）到达终点后互相交换角色，终点成起点，反复进行拉小车游戏。 7. 推小车运动。 （1）幼儿按男女同性别两两结伴，其中A幼儿双臂支撑地面成俯卧状，B幼儿在其后用双手拎起A的双腿站立。 （2）当教师发出推小车的信号后，俯卧的A幼儿马上向自己的前方交替移动双手，B幼儿拎着A幼儿的双腿跟着A幼儿向前行进。 （3）当俯卧的幼儿手臂无力前进时，A、B两个幼儿交换角色，继续进行推小车运动。	3分钟	同性别结伴
	8. 游戏：猎人与狐狸。 （1）幼儿分成两组，A组为猎人站立成一个大圆圈，B组为狐狸分散站立在圆圈中。 （2）每个猎人手中有两个报纸球。当教师发出开始打猎的信号后，站在圈上的幼儿就向圈中的狐狸身上投掷纸球，看有几名猎人能击中场地中的狐狸。 （3）当所有猎人手中的纸球都投掷完毕后，交换角色继续进行。	3分钟	分组
结束部分	9. 教师带领幼儿在音乐声中进行头颈、手臂、腰腹、大腿、小腿等部位的放松活动。 10. 教师总结活动后，指导幼儿收拾器材，结束活动。	3分钟	集体

组织与场地图示

1. 准备部分

图一 听信号进行走、停、跑的热身活动

图二 做准备活动操——腰腹运动

2. 教学与练习部分

图三 结伴双手互顶推手

图四 结伴互相左右手来回推顶

图五 结对进行拖拉运动

图六 分组进行投掷、躲闪游戏

3. 结束部分

图七 进行手臂放松活动

图八 结伴进行推拉放松活动

教学建议

　　活动中的拉车游戏，给幼儿体验不同方法用力所得的拉车效果，在锻炼手臂力量的同时，帮助幼儿提升经验。在每个环节的游戏中，注意让幼儿严格按教师的指令行动。在"打狐狸"的环节中，注意提醒投纸球的幼儿投的正确姿势，这将与能否投远、投准息息相关。

（编写：林　砾　改编：陆克俭、李春玲）

20. 节节高（素质锻炼）

设计思考

跳跃能力是人体的基本运动能力之一，也是锻炼幼儿身体的重要内容和形式，它对发展孩子下肢、腰腹力量都起着十分重要的作用。跳跃运动以其活泼、多变、刺激等特点为幼儿所喜欢。教师利用跳跃运动独有的身体、胆魄和意志挑战性，在教学中为孩子创设身体练习的条件和机会，让孩子们积极主动地投入到锻炼中去，并能在学习活动中体会锻炼的乐趣，享受成功的喜悦。

目的要求

1. 掌握助跑屈膝单脚跨跳过30厘米以上高度的障碍物的动作技能。
2. 发展下肢力量、腰腹力量的同时，增强弹跳能力和动作协调性。

教学重点

助跑屈膝单脚跨跳的动作与技能。

教学准备

橡皮筋6条，小椅子12张，高矮不同的塑料小凳子，不同粗细的绳子，音乐光盘，录音机。

教学过程

环节	活动内容与过程安排	时间	形式
准备部分	1. 一路纵队走、跑交替进场，在场地周围变速跑两圈。 2. 在音乐中进行走队形练习（队形变化为圆形、一字形、螺旋形、两列纵队等）。	3分钟	集体
	3. 做热身操：头部、扩胸、体转、腹背、踝、膝关节、下蹲、跳跃（重点是下蹲、跳跃动作）。	2分钟	
教学与练习部分	4. 教师：场地上有很多障碍物（高矮不同的塑料凳、粗细不同的绳子、积木等），大家想一想用它们可以怎样来锻炼身体？看谁的锻炼方法好。 （1）幼儿运用场地上的各种器具，自由地进行锻炼。 （2）教师巡视、指导，提醒幼儿注意安全、互相配合。	5分钟	自由
	5. 集中幼儿进行锻炼方法的交流与学习。 （1）请几名幼儿展示锻炼上肢、腰腹、下肢的好方法。 （2）教师重点针对每个展示动作进行讲解。 （3）大家一起模仿示范展示的方法进行全身的练习。	5分钟	集体与个别相结合
	6. 助跑跨跳动作的示范讲解。 （1）教师进行20厘米高度助跑跨跳的动作示范与讲解。 （2）请个别幼儿进行模仿，教师进行动作指导。	5分钟	个别

环 节	活动内容与过程安排	时 间	形 式
教学与练习部分	7. 分组助跑跨跳练习与比赛。 （1）分组进行一个跟着一个地助跑跨跳三个25厘米度高的橡皮筋练习。	2分钟	分组
	（2）分组进行一个跟着一个地助跑跨跳三个不同高度（20厘米、25厘米、30厘米）的橡皮筋障碍锻炼。	2分钟	
	（3）分男女幼儿组进行接力式助跑跨跳三个30厘米高度橡皮筋障碍的比赛。	3分钟	
结束部分	8. 教师带领幼儿离开场地，后随音乐两人一组互相捏肩、捶背、抖脚进行放松。 9. 教师对活动进行总结后带领幼儿离开场地。	3分钟	集体

组织与场地图示

1. 准备部分

图一 带领幼儿进行变速跑热身

图二 做准备活动操——腹背运动

2. 教学与练习部分

图三 选择器材进行自由锻炼

图四 进行双脚跳跃示范和练习

图五 进行跨跳动作示范与讲解

图六 幼儿分组进行跨越障碍锻炼

3. 结束部分

图七 分组进行腰背放松活动

图八 拍打腿部进行下肢放松活动

教学建议

　　本活动前半部分场地使用器材比较多、杂，因此在课前要准备充分并分散摆放在场地上，以利于教学环节的流畅和幼儿的可选择性使用、练习与锻炼。教师在教学活动中，首先要指导幼儿掌握正确的跨跳动作，其次要将跨跳障碍高度由低到高地进行设置，以利于幼儿在掌握动作要领的基础上来进行练习、锻炼。此活动因为器材多，障碍物有高度，所以教师要注意活动中的安全，提醒幼儿遵守活动规则，注意动作不要太大，避免发生意外伤害事故。

（编写：陈倩倩　改编：陆克俭、李春玲）

21. 用瓶来锻炼（一物多练）

设计思考

矿泉水瓶是幼儿在日常生活中常见的物品，但是幼儿很少会去想着怎么利用瓶子玩。通过这个教学活动，可以让幼儿了解到矿泉水瓶不光可以用来装水，还可以用来锻炼身体，变废旧材料为体育器械。由于空矿泉水瓶的重量不够，不能达到一定的锻炼要求，因此，需在瓶子中再装上黄豆，增加瓶子的重量。使用这样的瓶子既可以作为障碍物又可以作为负重物，既可以锻炼幼儿的下肢，也可以锻炼上肢。

目的要求

1. 通过大小不同的瓶子，进行全身力量、协调性的锻炼。
2. 养成自发自律、团结合作、遵守规则的行为。

教学重点

进行跑、投、跳、爬等练习和锻炼。

教学准备

幼儿每人两个装有黄豆的小矿泉水瓶，8个装有水的大可乐瓶，录音机和音乐磁带。

教学过程

环 节	活动内容与过程安排	时 间	形 式
准备部分	1. 幼儿双手各握一个小矿泉水瓶，在教师带领下从场外小跑步入场，绕场地周围进行变速跑等活动进行热身。	2分钟	集体
	2. 幼儿进入场地按早操队形站立，手握矿泉水瓶做头颈部、上肢部位、腰腹部位、膝盖部位、脚踝部位的准备操。	2分钟	
教学与练习部分	3. 教师：我们手中有很多矿泉水瓶，现在我们要用手中的瓶子来锻炼身体，看看谁能用手中的瓶子找出好的锻炼身体的方法。 （1）幼儿分散在场地上用手中的瓶子进行各种锻炼。 （2）教师进行巡回视察、指导，提醒幼儿注意安全。	4分钟	自由
	4. 幼儿互相交流，教师重点动作示范并带领幼儿模仿练习。 （1）教师请个别幼儿进行好的上肢、下肢锻炼示范。 （2）教师有针对性地进行重点示范与讲解。 （3）在教师的带领下幼儿一起进行双手快速举瓶、双手握瓶身两侧、双脚连续原地跳跃的练习。	4分钟	个别与集体相结合
	5. 用瓶子来锻炼。 （1）过铁丝网：将大小矿泉水瓶分散直立在场地上，幼儿在场外由教师带领成一路纵队进入场地，跟着教师在场地中绕着瓶子小跑、中速跑锻炼。	2分钟	集体

续表

环 节	活动内容与过程安排	时间	形式
教学与练习部分	（2）跳地雷阵：将场地上的瓶子卧倒排成四组，幼儿分组进行跳跃矿泉水瓶的双脚跳跃障碍物锻炼，可来回多次。	2分钟	分组
	（3）炸碉堡：在场地四角放置4个塑料筐，在距塑料筐3米、4米、5米处分别画有弧线，幼儿分组由近及远地进行投掷锻炼。	3分钟	
	（4）运送弹药： A.幼儿先将1个矿泉水瓶子放在自己的背上，从起点爬到另一侧，放下矿泉水瓶，跑回起点再把另外一个矿泉水瓶放在背上，跑到终点。	4分钟	自由与分组相结合
	B.将小矿泉水瓶直立地排列在地上成4组，幼儿分两组进行双手抱大矿泉水瓶S形穿越场地上小矿泉水瓶的大瓶子接力比赛。	5分钟	分组
结束部分	6.幼儿跟着教师用瓶子相互拍击背部，自我用小瓶拍打四肢，做各种身体放松活动。 7.将大瓶子放在指定地方后，教师带幼儿手持小瓶排队离场。	3分钟	集体

组织与场地图示

1. 准备部分

图一　做准备活动操——上肢运动

图二　做准备活动操——腹背运动

2. 教学与练习部分

图三　分组进行双脚跳跃瓶子练习

图四　双脚跳过竖立的瓶子示范与练习

图五 分组进行背瓶爬动作练习

图六 分组进行S形绕瓶快跑比赛

3. 结束部分

图七 用瓶敲打身体各部位进行放松

图八 将瓶子放入筐内离开场地

教学建议

　　瓶子是幼儿生活当中常见的物品，用装有内容物的瓶子作为幼儿的户外运动和游戏器材时，一方面要注意指导他们用正确的方法来运用于身体锻炼活动，防止发生因为不当的使用出现事故；另一方面要注意在运用中发挥锻炼身体的成效而不流于玩乐嬉戏。本活动注重幼儿下肢运动和锻炼，但同时也要加强上肢的运动。在提高运动量方面，可使用大循环的形式或鱼贯式（一个接一个）组织形式来进行较高密度和频率的走、跑、跳。

（编写：陈　莹　改编：陆克俭、李春玲）

22. 挑战者（技能教学）

设计思考

攀登是幼儿锻炼手脚动作协调性的主要方法。中班的幼儿虽然手脚的运动机能已逐渐完善，但是他们在手脚协调运动能力方面还比较弱。因此通过攀爬运动不仅可以增强幼儿手臂和腿部的力量，还有助于协调能力的发展。为此，我设计了以"挑战者"为主题的攀爬技能教学活动。

目的要求

1. 学习攀爬动作的基本要领，掌握手脚协调一致攀爬的动作。
2. 能手脚协调攀登3米高度的攀爬架，增进四肢肌力。

教学重点

指导幼儿掌握与熟练手脚协调地快速攀越攀爬架的动作。

教学准备

1.5米长的体操垫8块，3米高度的攀爬网架。

教学过程

环节	活动内容与过程安排	时间	形式
准备部分	1. 教师带领幼儿在场地上进行变速走、跑交替热身活动。	2分钟	自由与集体相结合
	2. 幼儿成四路纵队早操队形，在教师的带领下做头颈部、上肢部、腰腹部、膝盖部、脚踝部准备操。	2分钟	
教学与练习部分	3. 教师：什么动物会爬？大家在场地上模仿动物的动作爬吧，老师看看谁的动作学得像动物爬！ （1）幼儿在场地上进行模仿练习。 （2）教师巡回观察、指导，提醒幼儿注意安全。	3分钟	自由
	4. 集中交流，互学各种爬的动作。 （1）请几名幼儿给大家展示不同的爬行动作。 （2）教师进行讲解和要领提示。 （3）在教师指导下全体幼儿进行动物爬行的动作模仿及练习。	3分钟 2分钟	个别与集体相结合
	5. 垫上运动。 （1）幼儿分四组进行"手膝""四肢"着地爬的练习。 （2）幼儿分四组进行抱臂在垫上滚动。	4分钟	分组
	6. 学习攀爬的基本动作。 （1）教师示范攀爬的动作，讲解动作的要领：左手与右脚、右手与左脚互相配合交替进行攀爬的循环动作。 （2）幼儿站立进行左手与右脚、右手与左脚配合动作练习。	4分钟	个别与集体相结合
	（3）分组进行一个跟着一个地攀攀登架的练习。 （4）分组进行"爬垫→爬攀登架"的竞赛。	4分钟	分组

续表

环　节	活动内容与过程安排	时　间	形　式
结束部分	7. 教师带领幼儿随着音乐进行各部位的肢体放松，重点拍打手臂和腿部。 8. 教师进行活动总结后，带领幼儿离开场地。	3分钟	集体

组织与场地图示

1. 准备部分

图一　带领幼儿走跑交替进行热身

图二　做准备活动操——头颈部运动

2. 教学与练习部分

图三　讲解平地爬的动作要领

图四　分组进行垫上爬锻炼

图五　示范讲解爬攀登架的动作要领

图六　幼儿分组进行攀爬练习

3. 结束部分

图七 带领幼儿拍打腿部进行放松

图八 幼儿分组站立互相捶背进行放松

教学建议

活动中会有部分孩子因为怕高而产生畏难惧怕的心理，此时教师要采取鼓励和"比一比"的激励方法来化解和克服他们的心理障碍。在孩子学习攀登的过程中注意安全隐患，孩子之间注意相互调整距离以免踩踏到别人。在攀爬的过程中，教师要注意引导幼儿掌握动作要领：手抓住爬网后，脚再继续向上踩，左右手和脚要协调，以免踏空摔倒。

（编写：杜冰丽　改编：陆克俭、李春玲）

23. 我是小解放军（技能教学）

设计思考

垫上翻滚是中班体育活动的内容之一。从"海狮顶球"受到启发，设计了这节"持物翻滚"体能活动。此活动根据中班幼儿的年龄特点，以幼儿最崇拜的解放军的生活为线索，活动分为"列队出操""学习新本领（举物翻滚动作练习）""执行任务（轰炸敌区阵地）""完成任务（放松活动）"几个部分。这样的活动设计可以使单调乏味的技能教学变得富有情趣，幼儿就会变得乐于做翻滚运动而不觉得枯燥疲乏。

目的要求

1. 通过练习"垫上举物翻滚"动作，发展身体的灵敏性及协调性。
2. 激发参加体育活动情绪，体验运动的快乐。

教学重点

"持物垫上翻滚"动作练习。

教学准备

体操垫4张；大呼啦圈3个（敌区阵地），画有直线、曲线的场地，宽窄纸皮4张（战壕），装有水的大小可乐瓶人手3只（重型炮弹），泡沫条人手一条（轻型炮弹），录音机和音乐4段。

教学过程

环节	活动内容与过程安排	时间	形式
准备部分	1. 成一路纵队走、跑交替进场，进行变速走跑热身活动。 2. 听口令进行左右分队走练习：四队变两队，两队变四队。	2分钟	集体
	3. 听音乐做准备活动操：上肢运动、体侧运动、体转运动、脚踝运动。	2分钟	
教学与练习部分	4. 模仿解放军。 （1）自由模仿解放军的各种生活动作与训练动作。 （2）教师带领幼儿模仿解放军站岗、刺杀、投弹、卧倒等动作。	4分钟	自由与集体相结合
	5. 探索怎样垫上运输炮弹。 （1）教师提出要求：要求炮弹不能着地，不能行走过地垫。 （2）幼儿分组自由探索、尝试运送炮弹的方法。	3分钟	个别与分组相结合
	6. "持物垫上翻滚"动作教学。 （1）教师介绍并示范垫上持物翻滚动作要领（一坐、二躺、三举物、四蹬地翻转）。 （2）幼儿按示范要求进行新本领的练习，教师个别辅导。 （3）师生共同分享、交流经验，幼儿自行选择大小不等的重型炮弹再次练习持物垫上翻滚动作。	5分钟	个别与分组相结合

续表

环　节	活动内容与过程安排	时　间	形　式
教学与练习部分	7. 分组进行持物垫上翻滚锻炼。 （1）游戏：轰炸敌区阵地。 运弹（持弹翻滚）→投弹→左右侧跳（自由选择直线或曲线）→助跑跨跳（自由选择宽窄战壕）→返回继续。	3分钟	分组
	（2）游戏：回收炸弹。 S形走→拾弹→持弹垫上翻滚→返回继续。	2分钟	
结束部分	8. 在教师的带领下幼儿随音乐放松肢体，做洗澡模仿动作：洗头、擦脸、擦背、擦胸、搓腿等。 9. 教师对活动进行总结后，带领幼儿收拾器材离开场地。	3分钟	集体

组织与场地图示

1. 准备部分

图一　带领幼儿绕场地跑进行热身

图二　做准备活动操——腰部运动

2. 教学与练习部分

图三　幼儿探索持瓶过垫的方法

图四　教师示范持瓶垫上滚的动作

23. 我是小解放军（技能教学）

图五 幼儿分组进行持瓶滚动作练习

图六 进行滚、投、跳动作循环锻炼

3. 结束部分

图七 指导幼儿收拾整理场地

图八 拍打身体进行肢体放松

教学建议

　　幼儿间的体育运动素质差异比较大，为了尊重个体差异，首先在器械的提供上要考虑有不同的层次，如：炮弹有大小之分，跳跃有曲线与直线之分，助跑跨跳有宽窄之分；另外在要求上要有不断提高，如：先用轻型炮弹练习动作，后用重型炮弹挑战自己等。为了让幼儿的心肺功能得到锻炼，运动量有个逐步上升与逐步下降的过程，特安排了轰炸敌区阵地的动作循环练习，使运动量上升至最高点，接下来再安排一个"回收炸弹"的动作循环练习，通过S形走，逐步使运动量下降，最后进入放松活动环节。

（编写：郭锦萍　改编：陆克俭、白　洪）

24. 踢沙包、跳沙包（一物多练）

设计思考

实践证明，有效的锻炼是增强体质、抵抗疾病的有效方法。在快乐体育活动中，使用各类丰富的运动器械，不仅可以娱乐身心、发展动作，而且可以增强幼儿的身体素质。在以往的户外体育活动中，多要准备布置大量运动器械，这样既耗费了许多时间和人力，又造成教学环节转换脱节，锻炼效果大打折扣。如何运用最少的器械进行有效锻炼呢？结合中班幼儿年龄特点，特设计了此活动"踢沙包、跳沙包"，尝试运用"一物多练"的方法来进行多种动作练习。

目的要求

1. 运用沙包进行身体各部位的运动，掌握踢、跳沙包的动作技能。
2. 增进下肢的力量，提高运动中四肢的协调性，养成守纪的良好习惯。

教学重点

指导利用沙包进行踢、跳等动作练习。

活动准备

幼儿每人一个沙包，录音机，节奏感强且轻松欢快的儿童音乐光盘。

活动过程

环节	活动内容与过程安排	时间	形式
准备部分	1. 教师带领幼儿成两路纵队跑步入场，先围着场地周围慢跑、中速跑两圈，然后教师提示幼儿分散进入场地听信号走跑交替，提醒互相避让不要碰撞。	2分钟	集体与自由相结合
	2. 幼儿成四路早操队形站立在场上，在《小树苗快长大》音乐声中进行头颈、手臂、肩胛、腰腹、下肢、手腕、脚腕等部位关节的活动。	2分钟	集体
教学与练习部分	3. 教师：现在我手中有一个沙包，你们告诉我用沙包可以怎样来锻炼？（让几个幼儿回答）教师：好！你们每个人拿一个沙包在场地中进行锻炼，看看都有哪些好的方法。	4分钟	自由
	4. 踢沙包锻炼。 请一个幼儿把沙包当毽子连续一次接一次地踢，教师进行动作要领讲解。 （1）幼儿进行右脚踢毽子（沙包）练习。 （2）幼儿进行左脚踢毽子（沙包）练习。 （3）幼儿进行左、右脚轮换踢毽子（沙包）练习。	6分钟	集体
	5. 在音乐声中教师带领幼儿在场地上依次进行头顶沙包走、背上放沙包走、抛接沙包走的动作锻炼。	2分钟	集体

24. 踢沙包、跳沙包（一物多练）

续 表

环 节	活动内容与过程安排	时 间	形 式
教学与练习部分	6. 夹跳沙包锻炼。 将幼儿分成四组，各组幼儿依次成一路纵队，一二队站立在场地起点一侧，三四队站立在场地另一侧的终点，一、三和二、四组对面也错开。当听到教师发出开始跳的信号后，各组幼儿将沙包夹在双腿膝盖间，一个接一个地跳跃到场地的对面一侧。反复两次。	3分钟	分组
	7. 夹跳沙包比赛。 将幼儿分成两大组，幼儿依次站成一路纵队。两组对面一侧摆放两张小凳子作为折回点。当听到教师发出开始跳的信号后，各组幼儿将沙包加在双大腿之间一个接一个地跳向对面的折回点再跳回出发的起点。	3分钟	集体
放松部分	8. 在音乐声中，教师带领分散在场地上的幼儿做肩胛、腰腹、膝盖、双脚等部位的放松活动。 9. 总结此次活动后，幼儿将手中的沙包放在指定的地方，然后整队依次离开场地。	3分钟	集体

组织与场地图示

1. 准备部分

图一 教师带领幼儿变速跑

图二 做准备活动操——上肢运动

2. 教学与练习部分

图三 单脚放沙包高抬腿

图四 "驼背"背着沙包走

图五 双脚夹沙包跳

图六 双膝夹沙包跳

3.结束部分

图七 做腿部放松活动

图八 收拾沙包准备退场

教学建议

  幼儿尝试用沙包进行新动作锻炼时，教师应注意提醒动作要领、正确的练习方法，以免幼儿在运动中造成不必要的伤害。在集体练习时要督促幼儿动作到位，以收到教学与锻炼的好效果。在延伸活动中，如幼儿对用小沙包锻炼渐渐地失去兴趣，我们可以更换大沙包或用其他的物品来更换、替代，确保幼儿对运动的兴趣，以收到好的锻炼效果。

（编写：罗丽莎　改编：陆克俭、白　洪）

25. 挑战小勇士（素质锻炼）

设计思考

中班的孩子虽然已具有了基本的跳跃运动的身体条件和锻炼兴趣，可是在活动中幼儿遇到障碍物时不懂得纵跳，经常会出现被物体绊倒的情况。因此，特设计了这节双脚跳过不同高度的障碍物的素质锻炼活动。此活动利用日常生活中的纸巾盒，通过纸盒的组合、纸盒与其他器械的组合，为幼儿创设跳跃的场景，以期收到更好的锻炼效果。

目的要求

1. 掌握双脚跳的动作技能，增进下肢的力量。
2. 提高全身运动的协调性、平衡性和敏捷性。

教学重点

熟练幼儿双脚并拢向前、向上、向左、向右跳的动作技能。

教学准备

纸巾盒30个，雪糕筒6个，小圆凳12张，录音机和音乐光盘。

教学过程

环 节	活动内容与过程安排	时 间	形 式
准备部分	1. 幼儿排成两路纵队，跟着教师的口令踏步入场，按照教师的要求进行快速、中速、慢速跑。	2分钟	集体
	2. 幼儿成早操队形，教师带领幼儿做头部、肩、腰、膝、腿等准备活动操。	3分钟	
教学与练习部分	3. 幼儿自由探索跳跃。 （1）教师：小朋友们，什么动物会跳？我们大家到场地中学它们跳。 （2）幼儿到场地上进行自由模仿。 （3）教师进行观察，指导幼儿注意安全。	3分钟	自由
	4. 指导幼儿学习练习双脚跳练。 （1）教师在观察幼儿探索学习的基础上，请1～2名幼儿进行示范。 （2）教师重点示范讲解双脚跳动作的基本要领。	3分钟	个别与自由相结合
	（3）让幼儿根据教师的要求进行双脚跳练习，教师进行个别指导。	2分钟	自由
	（4）教师组织幼儿进行实地挑战不同高度的障碍物双脚跳练习。（用纸巾盒连排五个练习双脚跳，分成三个高度，先放一个盒的高度让幼儿练习，再让幼儿挑战放两个盒、三个盒的高度。总高度是25厘米。）	3分钟	小组
	5. 吹哨集合，幼儿进行S形体能循环活动：走梅花桩，跳过不同高度的障碍物，然后绕过雪糕筒跑回始点。反复循环。 （1）教师讲解、示范体能循环活动要求和注意事项。 （2）让个别幼儿做一次示范。 （3）幼儿进行S形体能循环活动，教师指导幼儿。	5分钟	个别与分组互结合

续表

环 节	活动内容与过程安排	时 间	形 式
结束部分	6.胜利完成任务,跟着《小狗洗澡》音乐声一起做生活模仿动作:捶手、捶背、捶腿等。	2分钟	集体
	7.集中幼儿进行活动总结,指导幼儿收拾活动材料,教师带领慢步退场。	2分钟	

组织与场地图示

1.准备部分

图一 做准备活动操——上肢运动

图二 做准备活动操——腿部运动

2.教学与练习部分

图三 师生探索跳跃的方法

图四 示范讲解跳跃的动作要领

图五 分组进行跳盒子锻炼

图六 分组进行走凳子、跳盒子锻炼

3. 结束部分

图七 指导幼儿收拾场地器材

图八 带领幼儿进行肢体放松活动

教学建议

可增加日常生活中类似纸盒的其他物品，做到运动器械多样化，激发孩子的运动兴趣，提高身心锻炼的效果。活动中要指导幼儿掌握双脚跳跃过障碍的要领，学会如何跳起才能越过障碍物。跳跃练习的障碍安排要有序：轻松跳过→容易跳过→可以跳过→用力跳过，使幼儿的跳跃能力有所锻炼、有所提高、有所发展。不断重复的跳跃练习中，当个别幼儿出现畏难情绪或失去兴致时，要适当地调整盒子的数量与高度。

（编写：梁丽燕　改编：陆克俭、李春玲）

26. 用绳来锻炼（一物多练）

设计思考

绳子是平时活动中用得较多的器材，利用绳子既可以用来练习跳的动作，还可以进行钻、跑等动作的练习。幼儿用绳子变化出各种玩法，在活动中体验想象、创造的快乐。利用绳子进行各种基本的动作练习，教师根据孩子的实际情况增加适当的难度，让每个孩子都能体验在付出努力跳一跳后摘到"果子"的成功感。

目的要求

1. 利用常见的绳子进行跳、钻、跑的游戏活动。
2. 教给一物多种锻炼的方法，培养对体育运动的兴趣。

教学内容

利用绳子来练习跳、钻、跑的动作。

教学准备

幼儿每人一条跳绳，录音机，歌曲《大风车》的音乐光盘。

教学过程

环节	活动内容与过程安排	时间	形式
准备部分	1. 幼儿在教师的带领下，随着口哨的节奏入场，教师带领幼儿在场地内进行走、跑交替热身活动。	2分钟	集体
	2. 教师带领幼儿做从头到脚、从上到下的准备运动（重点是膝关节、踝关节的热身运动及下蹲、跳跃的下肢运动）。	2分钟	
教学与练习部分	3. 用绳子来锻炼。 （1）教师：这里有一根绳子，我们可以用它怎样来锻炼身体？（幼儿回答后）教师：你们每人拿一根绳子，用它来进行各种锻炼，看看谁的锻炼方法好！ （2）幼儿分散在场地中用绳子进行探索锻炼，教师巡回进行观察、引导并提醒幼儿注意避让他人，注意安全。	3分钟	自由
	4. 交流用绳锻炼的方法。 （1）集中幼儿，教师请个别幼儿用绳子进行锻炼：走平衡（顶在头顶上）、投掷（裹成一团）、跳跃（跳绳等）、拔河（两人各抓住绳一端）、爬（放在背上）、跑（开车等）。 （2）在教师的带领下，大家一起用绳子进行上肢、腰腹、下肢等部位的锻炼。	5分钟	个别与集体相结合
	5. 进行双、单脚跳的练习。 （1）幼儿用绳子摆放成不同形状，进行循环双脚跳。 （2）幼儿用绳子摆放成不同形状，进行循环单脚跳。	4分钟	集体

续表

环 节	活动内容与过程安排	时 间	形 式
教学与练习部分	6. 进行钻的练习。 （1）幼儿四人一组，其中两人牵拉绳子（左右手各一根），绳子的高度分别为高（肩部）、中（腰部）、低（下蹲膝盖部）。 （2）小组另外两人进行钻的练习，三个高度的钻完成后交换角色。	3分钟	结伴
	7. 进行跑的练习。 （1）用两根绳子做成风车，请四名孩子分别拉住四端绳柄，按逆时针方向跑动，要求抓紧手中的绳柄，匀速跑。 （2）幼儿三人一组，一人在前，一人在后，两人左右手各拉一根绳子，另一个幼儿在两人拉起的绳子内模仿开小车，大家在场地内变换方向自由小跑。 （3）教师提醒幼儿注意避免碰撞，提示幼儿先慢后快地跑。	3分钟	分组
结束部分	8. 幼儿围成一个大圆圈，在教师的带领下随音乐舞动肢体：摇头、甩臂、扭腰、抖腿、互相拍打腰背等进行放松。 9. 教师对活动进行总结，然后带领幼儿拿绳离开场地。	3分钟	集体

组织与场地图示

1. 准备部分

图一 带领幼儿进行变速跑热身

图二 做准备活动操——头颈部运动

2. 教学与练习部分

图三 进行背沙包爬行示范与练习

图四 分组进行双脚夹沙包跳跃练习

图五 分组进行在高绳下爬的锻炼

图六 分组进行在矮绳下爬的锻炼

3. 结束部分

图七 带领幼儿敲打双腿放松

图八 分组互相进行肩背放松活动

教学建议

  教师要带领幼儿运用绳子尝试进行各种身体动作练习，锻炼身体的不同部位。要启发幼儿发挥自己的联想和自发性用绳子进行"跳、钻、跑、投"等各种动作练习。教师要带领幼儿用绳子进行几种有锻炼价值的运动，同时鼓励他们尝试新运动方法。活动的教学重点应放在指导幼儿利用绳子来练习跳、钻、跑等方面，教师要根据孩子的实际运动情况适当提高运动的难度。

（编写：温永平　改编：陆克俭、白　洪）

27. 纵跳（素质锻炼）

设计思考

跳是幼儿的天性，纵跳触物是幼儿比较喜爱的运动。为了让幼儿跳得安全、跳得健康、跳得快乐、跳出能力，特设计了这一活动。考虑到触物高度与幼儿身高的关联，在练习环节设计了满足不同身高幼儿跳跃能力的锻炼情景，从而增加锻炼的趣味性，为幼儿通过多次、更多次的起跳触物动作最终形成纵跳能力创造良好的条件。

目的要求

1. 纵跳触物技能（距离幼儿手臂伸直时指尖20～25厘米的物体）。
2. 激发参加体育活动的兴趣，体验运动的乐趣。

教学重点

屈膝摆臂双脚用力蹬地跳起举手摸高。

教学准备

系有沙包的钓鱼竿若干（幼儿总人数的一半），录音机和音乐磁带。

教学过程

环节	活动内容与过程安排	时间	形式
准备部分	1. 教师带领幼儿一路纵队走步入场，在场地中进行螺旋形小跑。幼儿听教师信号在场地中自由分散地走、跑。	2分钟	集体与自由相结合
	2. 幼儿成早操队形站立，做准备活动操：头颈、手臂、胸腹、腰背、下肢、膝盖、脚踝等部位的运动。	2分钟	
教学与练习部分	3. 自由进行跳跃练习。 （1）教师：小朋友们，哪些动物会跳跃？ 教师：大家一起来学动物跳，看谁学得种类多，跳得高，跳得远。 （2）幼儿分散在场地中模仿各种动物进行跳跃锻炼，教师巡回观察、指导，要求幼儿注意躲闪他人，避免碰撞。	3分钟	自由
	4. 交流学习各种跳跃方法。 （1）教师集中幼儿，请不同跳法的幼儿进行示范，教师进行动作要领讲解。 （2）教师带领大家模仿青蛙、兔子、袋鼠、蚱蜢等动物，进行各种跳跃锻炼。	3分钟	个别与集体相结合
	5. 纵跳摸高运动教学。 （1）集中幼儿，教师进行纵跳摸高动作示范与讲解。 （2）个别幼儿进行纵跳动作模仿示范，教师进行动作讲评。 （3）幼儿分散在场地中进行纵跳练习，教师巡回指导幼儿掌握屈膝蹬地跳起的动作要领。	3分钟	集体与自由相结合

环节	活动内容与过程安排	时间	形式
教学与练习部分	6. 小猫爬。 （1）幼儿模仿小猫，四肢着地在场地中自由爬行。 （2）听教师信号，向不同的方向爬行。	3分钟	自由与集体相结合
	7. 小猫抓鱼。 （1）幼儿两两分组，A幼儿扮钓鱼人，手拿钓鱼竿，将竿上系的鱼举在扮猫的B幼儿头顶，小猫跳起抓鱼。 （2）当小猫抓住系着的鱼后，两人交换角色，游戏继续进行。可交换进行多次。	4分钟	两人结伴
结束部分	8. 教师带领幼儿在轻松的音乐声中进行肢体的放松活动：甩双臂、甩双腿、拍打手臂、拍打双腿、互相拍打腰部等。 9. 教师对活动进行总结后，带领幼儿离开操场。	4分钟	集体

组织与场地图示

1. 准备部分

图一 在场地中进行变速跑热身活动

图二 做准备活动操——腹背运动

2. 教学与练习部分

图三 幼儿模仿各种动作进行跳跃

图四 进行纵跳动作示范、讲解

图五 带领幼儿进行纵跳动作练习

图六 幼儿结对交换进行纵跳触物锻炼

3. 结束部分

图七 抖动腿部放松下肢

图八 敲打手臂放松上肢

教学建议

　　组织者可提供更多的不同高度的物体，以更好地发展每一个幼儿的纵跳能力。本教学的重点应该放在指导幼儿纵跳伸手触摸一定高度的物体上。教学要突破幼儿手脚不一致、不够协调的难点，指导幼儿用力蹬地跳，然后向上伸起一只手触物；提醒幼儿落地时要屈膝，增加落地时的缓冲。

（编写：邱　婉　改编：陆克俭、白　洪）

28. 小马过河（技能教学）

设计思考

中班幼儿喜欢尝试一些新奇、富有挑战性的动作，跳跃又正是孩子们所喜欢的运动。在掌握了立定跳远动作要领的基础上，再让幼儿尝试助跑跨跳过障碍物的运动，可使他们对自己的运动能力更有信心。本活动利用丝带作为教具，在活动中设置不同的宽度，让不同发展水平的幼儿都能得到适合自己能力的跳跃练习和锻炼。

目的要求

1. 练习立定跳远，学习助跑跨跳，增强下肢的肌力。
2. 提高运动中上下肢动作的协调性和灵活性。

教学内容

助跑跨跳过30厘米宽度的距离。

教学准备

1. 黄色丝带拉成的宽为30厘米、40厘米、50厘米的"小河"，围成长方形的场地设置。
2. 各种小玩具4筐，20厘米高的小圆凳若干，呼啦圈一个，音乐。

教学过程

环节	活动内容与过程安排	时间	形式
准备部分	1. 两路纵队进场，听口令进行踏步、稍息、报数。 2. 教师带领幼儿在场地中进行走、跑交替热身运动。	2分钟	集体
	3. 幼儿成早操队形，在音乐声中跟随教师做头部运动、上肢运动、腹背运动、跳跃运动、整理运动等准备活动。	2分钟	
教学与练习部分	4. 小马的本领大。 （1）教师：马儿有什么本领？（幼儿回答后）教师：大家到场地中像马儿一样学本领吧。 （2）幼儿分散在操场中自由模仿马进行练习和锻炼，教师巡回观察指导，提醒幼儿注意安全。	3分钟	自由
	5. 交流马的本领。 （1）教师集中幼儿，请个别幼儿进行小马锻炼的动作示范，教师进行动作要点讲解。 （2）教师带领幼儿学马在场地上变速奔跑锻炼。	3分钟	个别与集体相结合
	6. 探索跳过30厘米宽的小河。 （1）幼儿自由尝试跃过小河，感受跳跃动作。 （2）师生共同分享、交流经验，总结过小河的方法：助跑跨跳。	3分钟	自由

续表

环节	活动内容与过程安排	时间	形式
教学与练习部分	7. 集中练习，重点指导。 （1）教师示范助跑跨跳的动作，并讲解分解动作。 （2）幼儿分散在场地中自由练习助跑跨跳，教师巡视和个别指导。 （3）幼儿分成两个大组，一个一个地进行跨越小河动作练习。 （4）教师观察助跑跨跳的正确性，鼓励幼儿大胆尝试。	3分钟	自由与分组相结合
	8. 游戏：送玩具回家。 （1）介绍游戏的方法，教师示范活动流程。 （2）幼儿分4组，首先一个接一个地进行奔跑、跨越练习，然后进行小马过河取回玩具比赛。	5分钟	分组
结束部分	9. 教师带领幼儿跟随音乐模仿小鱼在场地中自由舞动肢体，放松四肢、腰腹、头颈。 10. 教师对活动进行总结，然后带领幼儿离开场地。	3分钟	集体

组织与场地图示

1. 准备部分

图一 带领幼儿走、跑热身

图二 做准备活动操——上肢运动

2. 教学与练习部分

图三 幼儿结伴进行骑马游戏

图四 教师示范跨越障碍动作

图五 分组进行跨越障碍练习

图六 分组进行跨越多个障碍比赛

3.结束部分

图七 带领幼儿在场地中进行肢体放松

图八 指导幼儿收拾场地退场

教学建议

在跳跃动作练习和循环、竞赛的运动中，应该播放激昂振奋的音乐，以调动幼儿参与锻炼的情绪。中班幼儿对运动的观察、分析和综合的能力较低，所以教师在进行动作示范时要采用完整的示范，让幼儿在完整动作的练习过程中，感知、领会、掌握动作要领。在场地上要用黄色丝带设置的小河作为幼儿助跑跨跳的视觉提示物，确保幼儿练习、竞赛时能定位准确，适时起跳，从而保持运动环节的流畅。

（编写：郑新枚　改编：陆克俭、李春玲）

29. 跳跳乐（素质锻炼）

设计思考

　　幼儿园在参加幼儿各年龄组基本动作发展水平测量中发现，中班的很多幼儿在双脚并拢向前跳时出现上下肢不协调，平衡力差，双脚不会同时起跳，起跳时因下肢乏力踢、踩障碍物等现象。针对中班幼儿普遍存在的跳跃能力差的问题，设计了"跳跳乐"素质锻炼活动，力求有针对性地对中班幼儿进行跳跃教学、练习和锻炼，提高幼儿身体运动的协调性、平衡性和下肢力量。

目的要求

　　1. 掌握正确、轻松的跳跃动作要领，增进下肢的力量。
　　2. 提高上下肢协调运动的能力，激发参加运动的主动性、积极性。

教学重点

　　复习体能循环，新授双腿放在袋子里跳的动作。

教学准备

　　塑料凳、圆锥桶等若干，红色大号袋子每个幼儿一个。

教学过程

环 节	活动内容与过程安排	时 间	形 式
准备部分	1. 踏步进场，进行队列变换：四队变两队，两队变四队。 2. 热身准备活动"风和树叶"：微风吹，幼儿像小树苗一样轻轻摆动；大风吹，幼儿站在原地全身摆动；狂风吹，幼儿小范围走动大幅度地摆动；龙卷风，幼儿原地转动一圈跳起来；东北风，全体幼儿侧身向西南跑；西北风，全体幼儿侧身向东南跑。	4分钟	集体与自由相结合
教学与练习部分	3. 用塑料袋来锻炼。 （1）教师：小朋友，塑料袋有什么用？可以用它来锻炼身体吗？我们大家一起来试一试吧！ （2）幼儿分散在场地中探索用塑料袋进行锻炼的方法，教师在场地中巡视、指导，提醒幼儿注意安全。	3分钟	自由
	4. 交流锻炼方法。 （1）集中幼儿，请几名有好的锻炼方法的幼儿给大家示范，教师进行讲解并给予鼓励。 （2）带领幼儿一起模仿几名幼儿的方法进行抛向空中再接住、贴在胸前跑、套在头上走平衡、两人拉起拔河等练习。	4分钟	个别与集体相结合
	5. 手提套着双脚的袋子跳。 （1）教师一边示范讲解提袋跳的方法，幼儿一边模仿教师将双脚套入塑料袋，双手提拿塑料袋的提手。 （2）幼儿提着套着脚的塑料袋在场地中自由跳跃。 （3）幼儿提着袋子在放置了障碍物的场地中跳跃。	4分钟	自由

环 节	活动内容与过程安排	时 间	形 式
教学与练习部分	6. 分组提袋跳跃比赛。 （1）幼儿分成两大组，站立在场地一侧的起点上，当听到教师开始向场地对面的终点跳的信号后，各组幼儿一个接一个地提着袋子跳向对面的终点。可反复进行3次。 （2）幼儿分成4组，站立在起点后，当听到教师开始的信号后，各组幼儿进行一个一个的接力跳袋比赛，每个幼儿从起点跳到6米远的折返点小凳处跳回，另外一个幼儿再出发，看哪组幼儿最先完成。	4分钟	分组
	7. 循环运动练习：让幼儿帮助教师摆放体能循环的器械，将跳袋子放到循环中的两个环节之间，让幼儿在循环中得到进一步的练习与巩固。	3分钟	集体
结束部分	8. 教师带领幼儿进行"小雪人融化"的肢体意念放松活动，从头颈→手臂→腰部→大腿→小腿进行放松。 9. 教师对活动进行总结，带领幼儿手拿塑料袋离开场地。	3分钟	集体

组织与场地图示

1. 准备部分

图一 带领幼儿变速跑进行热身

图二 做准备活动操——体转运动

2. 教学与练习部分

图三 双脚套袋跳示范讲解

图四 自由进行双脚套袋跳跃练习

29. 跳跳乐（素质锻炼）

图五 分组进行双脚套袋跳跃比赛

图六 平衡、S形跑、跳等动作循环锻炼

3.结束部分

图七 进行"小雪人和太阳"模仿活动

图八 做"小雪人融化"的肢体放松活动

教学建议

　　幼儿的体育运动素质差异比较大。为了尊重个体差异，首先在器械的提供上要考虑有不同的层次。这些器材是幼儿平时喜欢玩的，由于使用器材比较多、杂，并要分散摆放在场地上，通过已有的经验，幼儿能帮助教师布置场地，以利于教学环节的流畅和幼儿的可选择性使用、练习与锻炼。本活动的重点是指导幼儿学习和掌握双脚连续跳的动作技能。教师在教学活动中，首先要指导幼儿正确掌握双脚跳的动作，其次要将连续跳的距离由自由到指定地进行设置，以利于幼儿在掌握动作要领的基础上来进行练习、锻炼。此活动因为使用器材多，有跳、走平衡木、爬、障碍跳等，所以教师在活动中要注意安全，提醒幼儿遵守活动规则，注意动作不要太大，避免发生事故。

（编写：李健梅　改编：陆克俭、白　洪）

30. 多练的沙包（一物多练）

设计思考

肩上挥臂投远、投准的动作对于中班下学期的幼儿来说，是一项技巧性强且较有难度的运动。根据测查发现中班幼儿的投掷能力普遍较弱，左手的投掷能力更弱。为了提高中班幼儿投掷能力，增强他们左右手的力量和灵活性，设计了以"抢沙包"为主线的一物多练活动，力求在调动幼儿投掷积极性的同时，又保证具有一定的运动密度和强度，从而提高身心锻炼的实效性。

目的要求

1. 掌握肩上挥臂投掷的动作要领，增强左、右手臂的爆发力。
2. 提高身体运动的控制力、协调性和柔韧性。

教学重点

肩上挥臂投远、投准的练习。

教学准备

沙包40个，绑有长长的带子，蓝色玩具大筐两个，标好红、绿颜色。

教学过程

环节	活动内容与过程安排	时间	形式
准备部分	1. 教师带领幼儿成两纵队小跑步进入操场，围绕场地周围变速跑2～3圈进行热身。	2分钟	集体
	2. 幼儿成早操队形站立在场地中，在音乐声中跟随教师做头颈、双臂、腰腹等部位的准备活动操。	2分钟	
教学与练习部分	3. 用沙包来锻炼。 （1）教师：小朋友，我们用沙包可以怎样锻炼身体？（幼儿回答后）教师：我们在场地中进行锻炼，看谁的方法好！ （2）幼儿分散在场地中自由锻炼。 （3）教师巡回指导，提醒幼儿注意安全。	3分钟	自由
	4. 交流沙包全身锻炼的方法。 （1）请幼儿给大家展示用沙包锻炼头颈、腰腹、手臂、下肢的各种方法。 （2）大家一起模仿示范幼儿的好的锻炼方法。	3分钟	个别与集体相结合
	5. 沙包投掷教学。 （1）投远动作教学与练习。 　A. 教师示范讲解沙包投远的方法。 　B. 请个别幼儿进行模仿练习，教师进行重点动作技能提示。 　C. 幼儿分组进行沙包投远练习。	3分钟	集体个别与分组

续表

环 节	活动内容与过程安排	时 间	形 式
教学与练习部分	（2）投准动作教学与练习。 A. 教师示范将手中的沙包投入距离为3米的筐内。 B. 请个别幼儿进行模仿练习，教师进行重点动作技能提示。 （3）幼儿分组进行将沙包投入3米、4米、5米距离远处的筐内的投掷练习。	3分钟	集体个别与分组
	6. 抢沙包比赛。 （1）介绍规则：幼儿腋下夹着与本组颜色相应的沙包，去抢另一组不同颜色沙包，要求同时保护好自己的沙包，不推拉，不触碰他人身体，抢到沙包后投掷到自己组的筐里。 （2）将幼儿分成红色、绿色两组进行抢沙包比赛。 （3）两队集中，对各组筐里的沙包统计（投错筐的不算），数量多的为得胜方。	5分钟	个别与分组相结合
结束部分	7. 教师带领幼儿在音乐声中进行个人放松、互相放松活动，做头颈、胸腹、腰背、手臂、大腿、小腿等部位放松活动。 8. 教师对活动进行总结后，带领幼儿退场。	3分钟	自由与集体相结合

组织与场地图示

1. 准备部分

图一 带领幼儿走跑交替热身

图二 做准备活动操——体侧运动

2. 教学与练习部分

图三 幼儿进行高抛沙包运动

图四 单脚踢抛沙包示范与练习

图五 单手挥臂投掷示范与练习

图六 集体进行沙包投准练习

3. 结束部分

图七 进行上肢、腰部放松活动

图八 双手拍打身体各部位进行放松

教学建议

　　在活动过程中如发现幼儿不遵守练习、锻炼的要求和规则时，教师要及时提醒、制止，在必要的时候应该把全体幼儿快速集中起来，教师有针对性地重新强调要求、进行示范。中班的孩子竞赛意识较弱，建议强化练习、锻炼环节，弱化比赛环节，可取消分组竞赛的形式，增加自由抢沙包练习；分组保持一定距离进行互相击打、躲闪运动。在活动组织方面，教师注意多用口令和信号来组织幼儿，尽量少用啰嗦的语言组织活动。

（编写：刘虹莉　改编：陆克俭、李春玲）

31. 花样单腿跳（素质锻炼）

设计思考

幼儿喜欢蹦跳，在操场、走廊、公园等地方我们经常可以看到他们跳上、跳下的，爱跳似乎是他们的一种爱运动的快乐天性。如今幼儿自发的跳跃中单腿跳比较少见，因为单脚跳比双脚跳要难，它对幼儿下肢的力量、身体的平衡性有更高的要求，当然单脚跳也就更加具有锻炼的价值。因此，特设计了这节跳跃素质锻炼活动。

目的要求

1. 掌握单腿连续跳的动作，发展单腿连续跳的能力。
2. 培养合作及协调能力，体验体育活动的快乐。
3. 逐步完成从一人单独练习到四人合作练习。

教学重点

指导幼儿学习掌握单腿跳的动作技能。

教学准备

5米长的绳子两条，雪糕桶5个，沙袋10个。

教学过程

环节	活动内容与过程安排	时间	形式
准备部分	1. 教师带领幼儿一路纵队走步入场地，围绕场地变速跑热身。幼儿听教师信号在场地中分散自由地进行走、跑交替。	2分钟	集体与自由相结合
	2. 幼儿成早操队形站立做准备活动操，自头部到脚地进行全身肢体部位的活动，重点进行体转、腹背、压腿、双脚跳等活动。	2分钟	
教学与练习部分	3. 教师：小朋友，我们来学小动物跳，看谁跳得像，跳得好。 （1）幼儿分散在场地上模仿动物的各种跳跃。 （2）教师巡回观察、指导，提醒幼儿注意安全。	2分钟	自由
	4. 交流跳跃方法。 （1）教师请几名幼儿给大家示范不同种类的跳跃动作。 （2）教师要求幼儿集体学习示范的跳跃动作，进行多种跳跃动作练习。	3分钟	个别与集体相结合
	5. 学习单脚跳跃。 （1）教师示范讲解单脚跳的动作。 （2）请几名幼儿进行模仿示范，教师提示动作要点。	3分钟	个别与自由相结合
	（3）幼儿分散在场地中听教师口令，左脚或右脚交替地向场地中不同的方向、位置单脚行进跳。	2分钟	个别与自由相结合
	6. 让幼儿创意新的单腿跳，变化单腿跳动作。 两人单腿跳，多人单腿跳（可手拉手，臂挽臂，手搭肩，手拉腿，腿勾腿）。	2分钟	自由

环 节	活动内容与过程安排	时 间	形 式
教学与练习部分	7. 进行跳跃场地障碍锻炼。 （1）场地中布置各种障碍物（雪糕筒、沙袋、跳绳）。 （2）幼儿在场地中自由分散地进行跳障碍动作练习。	2分钟	自由
	8. 分组进行跑、跳障碍练习与竞赛。 （1）幼儿站立在场地一侧的起点线上，场地中按小组将雪糕筒、沙袋、跳绳按一定顺序放置在场地中。 （2）各组幼儿听信号鱼贯式（一个接一个地）进行绕雪糕筒快跑、双脚跑跳跃沙包、单脚跳过绳子的锻炼。 （3）分组接力比赛：小跑绕过雪糕筒→双脚跳过沙袋沟→单腿跳过绳子摆成的"小河"（重点指导部分）。	5分钟	分组
结束部分	9. 教师带领幼儿在场地中进行转头、甩双臂、抖双腿、拍手臂、拍大腿、旋转腰部等肢体放松活动。 10. 教师进行活动讲评，师生共同收拾器械离开场地。	3分钟	自由与集体相结合

组织与场地图示

1. 准备部分

图一 带领幼儿进行变速跑热身

图二 做准备活动操——腿部运动

2. 教学与练习部分

图三 自由模仿小动物跳跃

图四 单脚跳动作示范、讲解

图五 双人、三人结伴单脚跳锻炼

图六 分组单脚跳过障碍比赛

3. 结束部分

图七 拍手臂进行放松活动

图八 拍双腿进行放松活动

教学建议

  中班下学期的幼儿虽然已经快五岁了，但是如果之前没有进行过有针对性的下肢肌力和身体平衡力的练习和锻炼，单腿跳对他们来说还是比较困难的。因此我们不能在活动中对他们要求过高，应以激发他们学习单脚跳的兴趣、积极性为主。在进行单脚跳的教学过程中，许多幼儿会出现腿部力量不够的情况和动作不规范，因此教学要进行分解，单脚跳跃的数量、难度要分层次。幼儿单脚行进跳时，提示幼儿可以左、右脚交替跳，注意对双腿的锻炼。

（编写：刘　胜　改编：陆克俭、李春玲）

32. 小椅子来锻炼（一物多练）

设计思考

　　独生子女由于家庭环境、教养方式和户外活动的差异，中班幼儿在跳跃能力、平衡能力方面存在比较大的水平差异。如何加强他们的运动平衡能力就成为中班体能活动需要重点解决的问题。本活动将幼儿园中最常见的椅子与变速走、跑、平衡、跳跃等动作进行有机的结合，通过动作的变速，提高动作的难度，不同动作的循环练习，来提高幼儿的跳跃能力和运动平衡能力。

目的要求

　　1. 练习听信号变速走、跑，提高灵敏性。
　　2. 发展平衡、跳跃能力，提高动作的协调性，培养与同伴间的合作意识和兴趣。

教学重点

　　练习幼儿听信号变速走、跑、平衡、跳跃等能力。

活动准备

　　靠背方木小椅子若干把（同幼儿人数），一块较宽敞、柔软的场地。

活动过程

环 节	活动内容与过程安排	时 间	形 式
准备部分	1. 教师带领幼儿每人拿一把椅子进入场地，按早操队形站立并放下椅子。听教师信号进行围自己的椅子跑、场内四散跑。	2分钟	集体
	2. 利用椅子为器械做"椅子热身操"：头颈、手臂、胸背、腰腹、下肢、手腕、脚踝、膝盖等部位的肌肉韧带活动。	2分钟	
教学与练习部分	3. 教师：小朋友们，今天我们用椅子来锻炼身体，请你们告诉我用椅子有哪些不同的锻炼方法？幼儿回答后，幼儿各自进行各种椅子锻炼活动。	4分钟	自由
	4. 集体练习。 （1）幼儿以椅子为障碍物，听信号围着椅子慢跑、快跑，顺时针跑、逆时针跑。	3分钟	集体
	（2）幼儿站在椅子上，听教师发出不同的信号：向前跳下、向左跳下、向右跳下。	3分钟	
	5. 游戏：搬小猪。 幼儿分四组，将两张椅子叠放，每组两名幼儿一前一后搬运"小猪"到目的地，以最快完成组为胜利。游戏4次。	3分钟	集体
	6. 绕椅S形跑：幼儿分成四组，站在起点，每组场地上放6～8张椅子。当教师发出开始口令后，幼儿一个接一个地出发绕着场地上的椅子跑，绕完最后一张椅子后直线跑回起点。	8分钟	

续表

环　节	活动内容与过程安排	时　间	形　式
教学与练习部分	7. 传递椅子：幼儿按早操点位站立分成四组，各组小朋友的椅子集中在各组第一个小朋友处，听到教师开始信号后，各组将椅子一个个地传递到最后一个小朋友处。当椅子全部传到终点小朋友处后，再从终点小朋友处传回起点小朋友处。	3分钟	分组
	8. 椅子运动大循环：以椅子为障碍物，分别是连接起来排成一长条的椅子五张、不连接的椅子五张、叠放在一起的椅子若干张，让幼儿在排成长条的椅子上行走，并从单张椅子上跳下，在叠放的椅子处翻越行走。	4分钟	集体
结束部分	9. 集体放松活动"抱小猪"：小朋友们把小椅子紧紧地抱在怀里，摇动身体，甩左、右腿，转圈，蹲下，最后睡在"小猪"上。	3分钟	集体
	10. 教师进行活动总结后，师生收拾场地退场回班级。		

组织与场地图示

1. 准备部分

图一　绕椅子跑进行热身

图二　做准备活动操——腹背运动

2. 教学与练习部分

图三　双人搬椅子锻炼

图四　分组近距离传递椅子练习

图五 分组远距离传递椅子比赛

图六 走高低不同的椅子锻炼

3. 结束部分

图七 用椅子做放松活动

图八 带领幼儿搬椅子退场

教学建议

在选材上，要考虑到普通的平衡循环练习未能达到孩子的活动量，设计活动中要灵活运用多种方式，如：用游戏、练习、竞赛等不同形式，在增加各种动作练习密度、强度的同时增加锻炼的趣味性，调动幼儿的积极性。在活动中教师要给幼儿一定的自由练习的时间和空间，鼓励、指导幼儿自由、组合地摆放椅子，进行不同方式的动作练习。

（编写：朱剑涛　改编：陆克俭、白　洪）

33. 单脚跳与立（素质锻炼）

教学思考

从中医角度来说，"单腿站立""单脚跳跃"可以很好地引血下行、引气归元，从而有效地调节身体的平衡，进而使肝、脾、肾等脏器功能都快速得到增强。然而单脚站立教学与练习比较单调、枯燥，幼儿对单脚站立锻炼不太感兴趣，锻炼效果不太明显。本活动在设计中加入切西瓜这个生活的元素，让孩子在生活模仿想象中练习单脚站立，以达到理想的锻炼效果。

目的要求

1. 通过单脚站立，双、单脚跳跃练习，增进下肢力量。
2. 提高身体的平衡与协调能力，培养不怕困难、挑战自我的勇气。

教学重点

复习单脚站立动作，新授游戏"切西瓜"。

教学准备

幼儿每人一个沙包，操场一边画一个大圆圈，准备一条长长的粗麻绳，大垫子4张（1米×1.8米）。

教学过程

环节	活动内容与过程安排	时间	形式
准备部分	1. 教师带领幼儿一路纵队走步进场地，绕操场外围：走→慢跑→中速跑→慢跑→走步共3圈进行热身。	2分钟	集体
	2. 幼儿成早操队形做准备活动操：头部、肩膀、扩胸、腰部、膝关节、踝关节、蹲起、拉伸跳、单脚跳（重点在下肢）。	2分钟	
教学与练习部分	3. 用沙包来锻炼。 （1）教师：沙包可以用来怎么锻炼身体？幼儿回答后，教师：大家来试一试，看看谁的锻炼方法多。 （2）幼儿分散在操场上进行自由尝试锻炼，教师巡回指导。	3分钟	自由
	4. 交流用沙包锻炼身体的方法。 （1）集中幼儿，请几名有好的锻炼方法的幼儿给大家示范，教师进行讲解。 （2）教师带领大家一起用沙包进行用手抛接、用脚踢抛、用膝盖夹住双脚蹦跳、放在背上手脚着地爬等动作的练习。	6分钟	个别与集体相结合
	5. 单脚站立练习。 （1）"切西瓜游戏一"：小朋友们被切开后跑向指定位置——粗麻绳的后面，单脚站立25秒到40秒。可请站得好的小朋友来帮忙"切西瓜"。如此活动进行3次。	3分钟	集体

续表

环　节	活动内容与过程安排	时　间	形　式
教学与练习部分	（2）"切西瓜游戏二"：跑到指定位置单脚站立在粗麻绳上面（脚踩麻绳横着站），每次单脚站立30秒到40秒。	3分钟	集体与自由相结合
教学与练习部分	（3）"切西瓜游戏三"：幼儿爬过场地中间的大垫子，跑到指定位置单脚站立在粗麻绳上面（竖着踩，整个脚板都踩着麻绳），每次单脚站立35秒到45秒。可重复进行2～3次。	4分钟	分组
结束部分	6. 幼儿在音乐声中进行全身肢体放松活动：头颈、手臂、腰腹、下肢的放松运动（重点拍打大腿和小腿的肌肉）。 7. 教师对活动进行总结，带领幼儿收拾绳子离开场地。	3分钟	集体

组织与场地图示

1. 准备部分

图一　带领幼儿变速跑进行热身

图二　做准备活动操——上肢运动

2. 教学与练习部分

图三　幼儿示范用沙包锻炼方法

图四　驮着沙包手膝着地爬锻炼

33. 单脚跳与立（素质锻炼）

图五 双脚夹住沙包行进跳锻炼

图六 "切西瓜"——单脚站立锻炼

3.结束部分

图七 师生收拾场地器材

图八 在音乐声中放松肢体

教学建议

　　幼儿的体力和能力存在着个体差异，因此在教学中我们要了解幼儿，根据他们的能力差异提出不同的动作难度，设计不同要求的运动流程，让幼儿分组进行适合他们差异的锻炼。活动前，应对幼儿立定跳远的水平进行摸底，以确定跳跃的最窄、最宽距离。活动的重点应放在幼儿练习助跑跨跳的动作上。因此，绳与绳之间的距离要适合幼儿助跑跨跳的锻炼要求，如果幼儿立定跳远能跳过去，宽度就不合适了。

（编写：詹永明　改编：陆克俭、白　洪）

34. 小消防队员（技能教学）

设计思考

生活中时常有关于消防队员救火的电视新闻，消防队员们强健的体魄、勇敢的精神、精湛的功夫为幼儿所喜爱、仰慕。幼儿对消防队员攀爬云梯救人、灭火的动作印象特别深，特别喜欢模仿。因此，特别设计了以消防队员为角色，以攀爬梯子为主要内容的"小消防队员"这项技能教学体能活动。

目的要求

1. 学习在立体面上进行攀登爬网动作的正确方法。
2. 通过练习，增强背肌、腹肌和四肢肌的力量以及动作的灵活性。

教学重点

指导幼儿掌握攀爬梯子的动作技能。

教学准备

教师口哨一只，滑滑梯、攀爬网、海绵垫若干，录音机和光盘：一段具有运动激情的背景音乐、电话铃声及娃娃的哭声。

教学过程

环 节	活动内容与过程安排	时 间	形 式
准备部分	1. 教师：小队员们，我们一起上训练场吧！ 教师向幼儿交代活动的角色，激发幼儿当消防队员的兴趣。 2. 小消防队员站好成两路纵队，听音乐跟着队长走、跑交替进入操练场所：慢跑——快跑——慢跑——慢走。	2分钟	集体
	3. 站立后做热身运动：我的脑袋点一点，我的小手摆一摆，我的小脚踢一踢，我的小腰弯一弯，我的屁股转一转，我的膝盖蹲一蹲，我的身体跳起来。	2分钟	
教学与练习部分	4. 小消防队员练本领。 （1）教师：小朋友们，大家都知道消防队员叔叔本领很多、很大，我们大家来模仿消防队员叔叔的那些本领吧。 （2）幼儿分散在场地中自由模仿消防队员的灭火、救人的各种动作进行运动。教师进行巡回指导，提醒幼儿注意避让他人。	3分钟	自由
	5. 小消防队员交流本领。 （1）大家集中，教师请几名模仿得好的幼儿给大家示范，教师给大家讲解动作特点和要领。 （2）教师指导幼儿在场地中模仿几名幼儿的示范动作，进行身体锻炼。	3分钟	个别与集体相结合

续表

环　节	活动内容与过程安排	时　间	形　式
教学与练习部分	6.爬消防梯教学。 （1）幼儿站在教师两侧，教师示范讲解动作要领：爬消防梯时不要心急，头稍抬起，眼向前看，双手双脚要协调向上爬。 （2）请个别幼儿示范，教师进行讲解、指导。	4分钟	自由与个别相结合
	7.分组练习爬消防梯。 （1）幼儿分组练习，分三个高度（玩具搭建的云梯60厘米、滑滑梯100厘米、攀爬网150厘米）练习，教师巡回指导。 （2）轮流在三种高度梯上进行攀爬练习（即大循环锻炼）。	3分钟	分组
	8.消防队员救火。 （1）播放"电话铃声及娃娃哭声"的录音，教师接电话，然后集中幼儿。教师：刚才，队长接到一个报警电话，有一处房子着火了，需要我们赶到那儿，把火扑灭，救出房子里的宝宝和物品。现在你们戴上消防帽，背上灭火器，赶快分4组站队！ （2）听教师口令，各组幼儿一个接一个地从起点出发，S形跑过3个柱形障碍→爬过搭起的梯子→跳过大块积木→赶到着火的地方进行灭火，带回一样物品回到起点。	6分钟	分组
放松部分	9.集中幼儿，总结消防队员胜利完成灭火救人任务的情况。在音乐声中大家做放松运动：我的小手挥一挥，我的小脚甩一甩，我的腰转一转，我的头点一点，拍拍臂膀，捶捶小腿等。 10.教师带领大家收拾活动材料，然后退场。	4分钟	集体

组织与场地图示

1. 准备部分

图一　带领幼儿绕场地跑进行热身

图二　做准备活动操——腹背运动

2. 教学与练习部分

图三 分组进行攀爬锻炼

图四 示范、练习正确爬梯动作

图五 教师示范、讲解爬攀登架的方法

图六 幼儿分组进行爬攀登架锻炼

3. 结束部分

图七 做上肢放松活动

图八 做下肢放松活动

教学建议

中班幼儿的运动素质差异较大，为了尊重个体差异，要考虑有不同的层次，可提供不同高度、立体面的"消防云梯"，促进手脚协调用力、向上又快又稳地爬行。为了让幼儿的心肺功能得到锻炼、运动量有个逐步上升与逐步下降的过程，特安排了体能游戏的动作循环练习，使运动量上升至最高点，接下来再安排一个"送娃娃回家"的环节使运动量下降，最后再进行放松活动。

（编写：涂美霞　改编：陆克俭、李春玲）

35. 跳小沟（素质锻炼）

教学思考

中班幼儿已初步掌握了立定跳远的动作要领，随着他们下肢力量的逐渐增长，我们可以尝试让他们在掌握立定跳远技能的基础上进行助跑跨跳的教学与练习，增进幼儿下肢的爆发力。本活动选用粗绳子作为素质锻炼的主要器械，以"跳土沟"为主要活动形式，通过逐渐拉大绳子间宽度，循序渐进地发展中班幼儿的助跑跨跳能力，增强中班幼儿下肢的爆发力，提高幼儿运动中上下肢的协调性。

目的要求

1. 能够熟练掌握立定跳远的动作，初步掌握助跑跨跳的方法。
2. 激发参加体育活动的兴趣，体验运动的快乐。

教学内容

助跑跨跳60~80厘米的宽度。

教学准备

大绳子数根（约15米），雪糕筒3个，20厘米高的红、黄、蓝色积木各一块。

教学过程

环节	活动内容与过程安排	时间	形式
准备部分	1. 教师带领幼儿一路纵队踏步进入场地，在场地外围进行走、跑交替热身活动3圈。	2分钟	集体
	2. 听教师的信号进行分散、集合排队等队形队列练习。 3. 幼儿站立在早操点位上进行肢体准备活动操：头颈、手臂、腰部、腹部、膝关节、踝关节的运动。	2分钟	
教学与练习部分	4. 模仿小动物跳。 （1）教师：小朋友们，哪些动物爱跳？ 教师：大家模仿爱跳的小动物来锻炼吧！ （2）幼儿自由分散在场地中模仿各种动物跳的动作进行锻炼。教师巡回观察、指导，提醒幼儿注意安全。	3分钟	自由
	5. 交流跳的动作。 （1）集中幼儿，请几名模仿不同动物、不同跳法的幼儿给大家示范，教师给予动作要领讲解。 （2）教师带领大家模仿兔、袋鼠、小鸟、青蛙等动物的动作进行跳跃锻炼。	5分钟	个别与集体相结合
	6. 教师将数根长绳子折摆成"U"形当作"土沟"，将其分散摆放在场地各位置。 （1）要求幼儿自由分散进行跳过土沟动作练习。 （2）教师逐步扩大土沟的宽度，增加跳跃的难度。	4分钟	自由

续表

环 节	活动内容与过程安排	时 间	形 式
教学与练习部分	7. 示范并讲解助跑跨跳动作。 （1）集中幼儿，教师进行示范助跑跨跳动作。 （2）请个别幼儿模仿示范，教师进行动作讲解。 （3）幼儿再回到场地中按示范要求进行练习。	4分钟	个别与自由相结合
	8. 助跑跨跳锻炼和竞赛，将用绳子摆成的土沟拉成梯形，宽度分别为60、70、80厘米。 （1）幼儿分组进行鱼贯式（一个接一个）的循环练习。 （2）扩大绳子间的宽度，听教师信号进行分组接力跳土沟竞赛。	5分钟	分组
结束部分	9. 教师带领幼儿进行全身肢体放松活动，幼儿随音乐做头颈、手臂、腰腹、下肢等部位的放松运动（重点按摩和拍打大腿和小腿部位的肌肉）。 10. 教师对活动进行总结，带领幼儿收拾绳子离开场地。	3分钟	集体

组织与场地图示

1. 准备部分

图一 做准备活动操——上肢运动　　　　　图二 做准备活动操——膝部关节运动

2. 教学与练习部分

图三 模仿各种动物的跳跃动作　　　　　图四 教师示范助跑跨跳动作

图五 分组练习助跑跨跳动作

图六 分组进行助跑跨跳比赛

3. 结束部分

图七 听音乐进行肢体放松律动

图八 教师带领幼儿离开操场

教学建议

  幼儿的体力和能力有个体差异，为了尊重幼儿的个体差异，在运动动作和运动量上都应给予适当的调整。通过分层（设置不同宽窄障碍、障碍数量由少至多）的练习，使不同水平的幼儿能在原有水平上有所提高。活动前应对幼儿立定跳远的水平进行摸底，以确定跳跃距离。本活动重点练习幼儿助跑跨跳的动作，因此绳子的距离要适合幼儿进行助跑跨跳，如果幼儿用立定跳远的方式也能跳过去就不合适了。

（编写：栾红枫　改编：陆克俭、李春玲）

36. 小侦察兵（技能教学）

设计思考

　　孩子们都非常崇拜解放军，喜爱模仿他们的生活、训练和战斗活动。侦察兵是幼儿比较熟悉的角色，侦察兵所具有的跑、跳、钻、格斗等各种本领特别为幼儿所喜爱和模仿。因此，在体能活动设计中引入侦察兵这个角色，不仅可以调动幼儿参与体育活动、参加身体锻炼的主动性和积极性，而且还可以提高他们身体力量、速度、灵敏、协调等各项身体素质。

目的要求

　　1. 学习侧面钻的正确方法，熟练钻的动作技能。
　　2. 发展钻、爬能力和灵敏素质，培养竞争精神和协同能力。

教学内容

　　学习侧面钻的动作。

教学准备

　　高度为一米的大钻圈两个，60厘米小钻圈10个，小沙袋5个。

教学过程

环 节	活动内容与过程安排	时　间	形　式
准备部分	1. 教师带领幼儿一路纵队走步入场，在场地周围进行快走、慢跑、快跑交替热身锻炼。幼儿分散在场地中听教师的信号进行自由走、跑练习。	2分钟	集体与自由相结合
	2. 幼儿成早操队形，教师带领幼儿做准备活动操：头颈部、上肢部、腰腹部、下肢部的肢体运动（重点活动下肢）。	2分钟	
教学与练习部分	3. 侦察兵操练。 （1）教师：你们现在是小侦察兵，我是你们的队长。侦察兵必须有哪些本领？（幼儿回答后）教师：大家现在到场地中去自由练习侦察兵的功夫。 （2）幼儿分散在场地中自由进行各种动作的模仿练习。教师进行巡回指导，提醒幼儿注意动作不要过大，注意安全。	3分钟	自由
	（3）集中幼儿，请几名幼儿示范自己的模仿动作。 （4）教师要求大家一起跟着自己分别模仿几名幼儿示范的身体锻炼方法，进行的动作练习。	3分钟	个别与集体相结合
	4. 钻和滚动作技能教学。 教师：侦察兵们，我们马上就要执行任务去了，我们将会遇到很多危险的障碍，所以我们要先学钻山洞、爬草地的本领。 （1）钻的动作教学与练习。 A. 教师示范讲解如何不碰铁圈，快速钻过去的方法。 B. 幼儿分成4组，每组3个钻圈，从起点出发，钻过3个圈，到终点取回小沙袋，再钻过圈返回起点，先到达者为胜。	4分钟	个别与分组相结合

续表

环 节	活动内容与过程安排	时 间	形 式
教学与练习部分	（2）滚的动作教学与练习。 A. 请幼儿进行滚垫子的示范，教师进行规范动作讲解。 B. 幼儿分4组，一个接一个地进行垫上滚练习。 C. 分组进行滚垫子接力比赛。每组一个幼儿滚过本组的两张垫子后，跑向终点的塑料筐拿起一个沙袋跑回起点，小组的另外一个幼儿方可出发。	4分钟	个别与分组相结合
	5. 执行侦察任务。 （1）教师：现在你们要去执行任务，要钻过很多障碍才能到达目的地，大家分成两个大组准备出发。 （2）各组幼儿听信号一个接一个地从场地起点出发，钻过3个圈，滚过2个垫子，跳过5个沙包，再钻过3个圈到达终点。 （3）两个小组间进行执行任务接力比赛。	5分钟	分组
结束部分	6. 教师带领幼儿分散在场地中，随着轻松的音乐做甩手臂、抖腿、拍打臂膀和小腿、互相揉腰、捶背等放松活动。 7. 教师进行活动小结，然后带领幼儿收拾器材离开场地。	3分钟	集体

组织与场地图示

1. 准备部分

图一 做准备活动操——上肢运动

图二 做准备活动操——下肢运动

2. 教学与练习部分

图三 分组进行钻的动作练习

图四 分组进行垫上滚的动作练习

图五 分组进行滚、跑、动作比赛

图六 进行钻、滚、跳动作循环锻炼

3. 结束部分

图七 大家收拾场地器材

图八 进行上肢放松活动

教学建议

　　本活动钻、滚的动作是教学与练习的重点，钻和滚对于中班幼儿来说是比较难的，教师应在让幼儿自我尝试练习的基础上，观察大多数幼儿钻、滚动作的特点，然后再根据他们普遍存在的问题进行有针对性的示范、指导，这样才能取得比较好的教学与练习效果，才能在练习中锻炼幼儿的身体，提高他们的身体素质。

（编写：刘　胜　改编：陆克俭、李春玲）

37. 多变的袋子（一物多练）

设计思考

平衡是幼儿基本动作发展的一个重要内容，平衡能力在幼儿体育游戏、户外运动和生活活动中对他们的人身安全和自我保护具有非常重要的作用。本活动以生活中常见的塑料袋为体育活动器材，将塑料袋与中班幼儿的各种身体动作和身体运动进行合理的组合，以达到激发幼儿运动兴趣，提高锻炼身体效果的目的。

目的要求

1. 发展奔跑、跳跃能力，增强上下肢的肌力。
2. 增进运动中身体的协调性和敏捷性，培养团结合作精神。

教学重点

携塑料袋快速奔跑和连续跳跃。

教学准备

幼儿每人一个塑料袋，录音机和音乐光盘，5张凳子，4个拱门，12个沙袋。

教学过程

环节	活动内容与过程安排	时间	形式
准备部分	1. 教师带领孩子慢跑进操场，在场地中进行变速跑、自由跑等热身活动。	2分钟	集体与自由相结合
	2. 幼儿手拿一个塑料袋在音乐声中跟教师做准备活动操：头颈、上肢、腰腹、下肢等动作。	2分钟	
教学与练习部分	3. 教师：大家手里都有一个塑料袋，今天我们用它来锻炼，看看大家都能用它怎样来运动，看谁的方法好。 4. 幼儿自由练习、玩塑料袋，教师观察并进行提示。	3分钟	自由
	5. 集中幼儿，进行用塑料袋锻炼方法的展示与讲解。 （1）请几名幼儿进行上肢、腰腹、下肢运动的示范。 （2）教师进行重点动作示范和讲解。	3分钟	集体与个别相结合
	6. 指导幼儿运用塑料袋进行运动和锻炼。 （1）两人分别站在两个袋子里，练习走。	2分钟	自由
	（2）分组依次进行袋子放在胸前快速跑。要求幼儿保持奔跑中的身体姿态，不让胸前的塑料袋掉下。	3分钟	
	（3）要求幼儿双脚站立在塑料袋中，双手提塑料袋的提手，分组进行从场地一侧跳向另一侧的连续跳跃运动；要求保持运动中身体平衡不要摔倒。	3分钟	分组

续表

环节	活动内容与过程安排	时间	形式
教学与练习部分	7. 游戏：超级伙伴。 （1）幼儿分成3组，分别组建拱门路、沙袋路、凳子路。 （2）3组幼儿分别以两人为一组，运用两个塑料袋，进行行进走，通过前方的路再返回。	5分钟	结伴
结束部分	8. 小伙伴们收拾好袋子，互相捶背，按摩手、脚进行放松。 9. 教师总结活动后带领幼儿退场。	3分钟	集体

组织与场地图示

1. 准备部分

图一 带领幼儿绕场地跑进行热身

图二 做准备活动操——腰腹运动

2. 教学与练习部分

图三 两人四脚套两个袋子行走练习

图四 将塑料袋放胸前进行奔跑锻炼

37. 多变的袋子（一物多练）

图五 单人双脚套入塑料袋中跳跃前进

图六 轮组进行钻、跳、平衡锻炼

3. 结束部分

图七 教师指导幼儿收拾场地器材

图八 结伴互相拍打进行肢体放松

教学建议

　　由于袋子在体育游戏中多用于下肢部位动作的练习，所以在活动内容上应该注意加入上肢和腰腹部动作的练习，以达到全面锻炼、全身运动的理想体育目标。在进行热身动作时，可以根据袋子这个物品的特点设计一个形象而活泼的生活热身操，使幼儿在形象生动的模仿活动中达到热身准备的效果。在袋子的选择上，可以尝试使用环保袋。

（编写：陈德祥　改编：陆克俭、白　洪）

38. 快乐单脚跳（素质锻炼）

设计思考

在幼儿五项体能测试中，中班幼儿多在单足站立和单脚跳跃方面表现不佳。为了增强幼儿下肢耐力、平衡能力，特设计了此活动，模仿各种不同动物跳跃的动作，为孩子创设一个良好的练习、锻炼情景，让孩子积极主动地投入到跳跃锻炼中去，使幼儿在模仿中练习，在运动中得到身心锻炼。

目的要求

1. 初步掌握连续单脚跳的动作要领，增强下肢的力量与耐力。
2. 提高跳跃动作的协调性，激发参加体育活动的兴趣。

教学重点

指导幼儿熟练单脚连续跳的动作技能。

教学准备

用报纸制作的方块，报纸棒若干（四人一组，每组6个）。

教学过程

环 节	活动内容与过程安排	时 间	形 式
准备部分	1. 教师带领幼儿围着场地周围进行变速跑热身，然后随音乐做停顿定型、运动的"木头人"动作。	2分钟	集体
	2. 成早操队形进行队形变换练习：四队变两队，两队变四队。然后做准备活动操：头部、手腕、脚踝、腰部、膝关节、下蹲等部位的关节、肌肉活动。	2分钟	
教学与练习部分	3. 会跳的小动物。 （1）教师：小朋友，什么动物会跳？它们怎么跳？大家来学一学吧。 （2）幼儿在场地中模仿各种动物进行跳跃练习。教师进行巡回观察、指导，提示幼儿注意避让他人。	3分钟	自由
	4. 交流学习跳的不同方法。 （1）集中幼儿，请几名幼儿展示跳跃方法，教师进行动作要领讲解。 （2）教师带领幼儿进行兔跳、蛙跳、马儿跑跳动作的练习。	4分钟	个别与集体相结合
	5. 单脚跳教学。 （1）教师以独脚乐园的动画故事引入单脚跳教学。 （2）教师进行左、右脚单脚连续跳跃动作示范讲解：一腿起跳，另一腿屈膝向前摆动，做连续跳跃动作，两臂配合摆动。 （3）请几名幼儿模仿教师进行右脚单脚连跳。	3分钟	个别与集体相结合

续表

环 节	活动内容与过程安排	时间	形式
教学与练习部分	（4）左、右脚分别原地单脚跳、转圈跳。 （5）全体幼儿分散在场地中进行单脚连跳练习：右脚连跳5次，换左脚连跳5次，如此反复地进行多次交换练习。	2分钟	集体
	6. 分组单脚交替跳跃接力比赛。 （1）折返点换脚连跳：幼儿分四组在起点后排队，场地终点处对应各组摆放一张塑料凳标示折返点；当教师发出开始口令后，各组幼儿一个接一个地用右脚跳向终点的塑料凳，当到达终点后马上换左脚连跳回到起点。可重复进行一次。	4分钟	分组
	（2）单脚跳方块接力：在各组的起点和终点之间放置5块间隔一定距离的报纸方块，当教师发出开始的信号后，各组幼儿依次采取右脚跳去、左脚跳回的方法进行连续跳报纸方块的接力比赛。	5分钟	
结束部分	7. 教师带领幼儿在音乐声中进行身体放松活动：甩手臂、抖动双腿、拍打手臂、腿部、互相捶背、按摩手等。 8. 教师对活动进行总结后指导幼儿收拾好物品并退场。	3分钟	集体

组织与场地图示

1. 准备部分

图一 带领幼儿变速跑进行热身

图二 做准备活动操——下肢运动

2. 教学与练习部分

图三 进行下蹲走动作锻炼

图四 进行单脚跳动作教学与练习

图五 分组进行单脚连跳动作锻炼

图六 分组进行单脚跳跃障碍物比赛

3. 结束部分

图七 带领幼儿进行腰背放松

图八 带领幼儿拍打双腿进行下肢放松

教学建议

　　左、右脚单脚跳对中班幼儿来说是比较难的，而且动作练习过程单调、枯燥。因此教师要采用故事、游戏、形象的方法来激发幼儿的学习、练习和锻炼的兴趣。针对薄弱项目设计，内容选择的针对性要强，有利于解决孩子的实际需要。教学过程中要把握住单脚跳的动作要点：一腿起跳，另一腿屈膝向前摆动，做连续跳跃动作，两臂配合摆动，指导幼儿屈膝缓冲。教师要特别提示幼儿动作轻巧有弹性。

（编写：张中美　改编：陆克俭、李春玲）

39. 垫上前滚翻（技能教学）

设计思考

　　安全、正确的翻滚动作可以锻炼身体的灵敏、协调、柔韧等素质，必要时熟练的滚翻动作也可以发挥自我保护功效。然而，正确的滚翻动作不是天生就具备的，不经正确指导学习的不规范滚翻动作，往往会给幼儿的身体带来意外的伤害。针对中班下学期幼儿的动作发展水平，特设计了这节"前滚翻"技能教学活动，力图通过正确前滚翻动作的教学来提高幼儿敏捷、协调和柔韧的身体素质。

目的要求

　　1. 能够熟练掌握垫上前滚翻的动作，初步掌握前滚翻的方法。
　　2. 发展灵敏、协调、柔韧等身体素质。

教学重点

　　学习并掌握垫上前滚翻动作要点。

活动准备

　　水果小卡片若干（幼儿人数3～4倍），拱门4个（60厘米高），小垫子4张。

活动过程

环　节	活动内容安排	时　间	形式
准备部分	1. 教师带领幼儿一路纵队绕场地周围小跑2～3圈后，进入场地，在教师的指挥下模仿巨人、矮人走。	2分钟	集体
	2. 整队由上到下进行全身关节热身活动（重点活动脖子、拉韧带）：头部、肩膀、扩胸、腰部、膝关节、踝关节、坐位体前屈、螃蟹走、仰卧起坐（两人合作，提醒幼儿起坐时含胸低头）。	2分钟	
教学与练习部分	3. 教师：今天我听了一个故事，是关于刺猬帮忙搬运果子的事情，小朋友知道刺猬是怎样搬运果子的吗？（小刺猬像小皮球一样往地上一打滚就把果子背在身上了。）小朋友，小刺猬是怎样打滚的？	2分钟	集体
	4. 小刺猬郊游：教师要求小朋友在场地上模仿刺猬四肢爬行，当来到垫子上时，自由练习尝试模仿小刺猬打滚动作，教师注意观察小朋友动作并随时保护幼儿翻滚。	5分钟	自由
	5. 教师示范"抱腿团身滚动起"，幼儿分四组自主练习，教师提醒小朋友做到抱腿、低头、团身，为后面的前滚翻动作学习做准备。教师发出指令，幼儿蹲下进行动作模仿练习，教师进行个别指导。	3分钟	分组
	6. 教师完整示范"前滚翻"动作，并把动作要领编成儿歌"两手前撑垫前蹲，低头团身向前滚，像球滚过稳站起，动作要领牢记心"。边念儿歌边做动作示范。	3分钟	分组

续表

环 节	活动内容与过程安排	时 间	形 式
教学与练习部分	7. 小朋友分两组做垫上练习，教师在旁边重复儿歌，做保护与帮助：单跪垫旁，一手扶幼儿背，一手托臀部。强调示范屈腿滚翻起（蹲立），要领：团身滚动。鼓励幼儿连续滚翻练习。	5分钟	集体
	8. 分组锻炼：小刺猬搬果子。 小朋友分四组，钻过山洞（拱门），打几个滚（到垫子前作前滚翻动作），捡起地上的一张水果卡片跑回队伍后面排队循环，直至果子搬完。可反复进行三次。	6分钟	分组
结束部分	9. 教师带领幼儿进行身体放松活动：摇头、甩双臂、摆左右腿、深呼吸，互相结伴按摩对方的胳膊、脖子、背部等。 10. 教师对活动进行总结后，带领幼儿整理场地退场。	3分钟	集体

组织与场地图示

1. 准备部分

图一 做准备活动操——伸展运动

图二 做准备活动操——腹背运动

2. 教学与练习部分

图三 垫上翻滚动作示范与讲解

图四 分组进行垫上翻滚练习与保护

图五 分四组一个接一个地进行垫上翻滚锻炼

图六 分组进行钻、翻滚动作比赛

3. 结束部分

图七 收拾整理场地器材

图八 在音乐声中放松自己的肢体

教学建议

　　前滚翻是基本动作，也是一种自我保护的方法。教师应该先指导幼儿掌握前后滚动的动作，再学习团身前滚翻，应在掌握团身前滚翻后，再要求两腿蹬直团身前滚。在幼儿掌握前滚翻的动作后，可以指导幼儿变换手、腿动作来完成前滚翻，也可加大难度让他们抱球团身做前滚翻等，不断激发幼儿垫上翻的兴趣，提高他们翻滚运动的能力。

（编写：詹永明　改编：陆克俭、李春玲）

40. 谁跑得快（素质锻炼）

设计思考

跑是幼儿生活中随时需要运用的一种基本运动能力，所以掌握正确、多变的奔跑动作要领是幼儿园体育的一个重点任务。跑步能培养孩子的耐性、忍受艰苦的能力、相互竞赛的能力。本活动通过模仿各种奔跑快速的动物运动，并将彩虹伞游戏与奔跑练习有机地结合，这样可以激发幼儿奔跑的兴趣，提高锻炼的效果。

目的要求

1. 能听信号进行变速走、快速跑，增进下肢力量。
2. 奔跑时动作协调、灵敏，快速奔跑时身体姿态自然、平稳。

教学重点

快速奔跑，接力奔跑。

教学准备

动物胸饰，四张不同颜色的塑料凳子，彩虹伞，音乐光盘。

教学过程

环 节	活动内容与过程安排	时 间	形 式
准备部分	1. 教师带领幼儿一路纵队迈步进场，围绕场地进行走、跑交替热身练习。听教师信号在场地中进行自由走、跑热身。	2分钟	集体与自由相结合
	2. 教师带领幼儿模仿狮子、兔子、猩猩、章鱼等，活动身体的各部位。	2分钟	
教学与练习部分	3. 自由模仿动物的奔跑。 （1）教师：各种动物都有奔跑的本领，大家来模仿不同动物的奔跑，看谁模仿得像。 （2）幼儿分散在场地中自由模仿动物的奔跑动作进行锻炼，教师巡回观察、指导，提醒幼儿注意运动的安全。	3分钟	自由
	4. 示范、讲解和练习几种奔跑快速的动物的运动。 （1）集中幼儿，请个别幼儿进行动物奔跑示范，教师进行重点讲解。 （2）教师带领幼儿在场地中模仿狼、猎豹、羚羊等动物的奔跑运动。	4分钟	个别与集体相结合
	5. 看谁跑得快。 （1）幼儿分成"狼""兔""羚羊""猎豹"四组分别站立在场地的起点后，各组对面终点各摆放一个塑料凳为折返点。 （2）各组的幼儿模仿一种动物鱼贯式（一个接一个）地进行快速奔跑锻炼：起点→折返点→起点。	4分钟	分组

40. 谁跑得快（素质锻炼）

续 表

环节	活动内容与过程安排	时间	形式
教学与练习部分	（3）分组比赛： A. 首先，扮狼和扮兔子的两组进行小组快跑接力比赛。 B. 然后，扮羚羊和扮猎豹的两组进行小组快跑接力比赛。 C. 最后，两场比赛的优胜动物组进行小组接力快跑比赛。	5分钟	分组
	6."老狼老狼几点钟"。 场地中以彩虹伞放置的角落为家，教师扮演狼，幼儿扮演兔、羊等小动物，小动物们跟在大灰狼的背后在场地中走。小动物们不断问：老狼、老狼几点钟？大灰狼慢吞吞地从1点钟开始：1点钟；2点钟；3点钟……当数到9点钟时，老狼突然反身快速扑向小动物，这时小动物们迅速跑向彩虹伞并钻进伞下。被老狼抓到的幼儿交换角色扮演狼。	3分钟	集体
结束部分	7. 教师带领幼儿站立在彩虹球伞中随音乐舞动肢体做放松活动：摇头、互相拍打腰背、甩腿、拍打腿部等。 8. 师生共同收拾场地器材后，教师带领幼儿离开场地。	4分钟	自由与集体相结合

组织与场地图示

1. 准备部分

图一 带领幼儿变速走、跑运动热身

图二 做模仿各种动物准备操

2. 教学与练习部分

图三 在场地中模仿各种动物的奔跑

图四 进行手脚着地爬示范与练习

图五 分组进行跑、跳障碍物锻炼

图六 进行"老狼老狼几点钟"游戏

3. 结束部分

图七 互相捶肩、背放松肢体

图八 大家收拾彩虹伞离开场地

教学建议

　　活动中教师的口令一定要规范，在练习听口令快慢跑时，注意幼儿之间的间隔距离。游戏活动时注意幼儿的个别差异，适当调整方法，避免幼儿太疲劳。提醒幼儿运动中遵守规则，自由分散活动时注意与他人之间保持距离，以免互相碰撞发生事故。要求幼儿接力练习、竞赛时要遵守规则，不能抢跑，不可违规。

（编写：郑　璇　改编：陆克俭、白　洪）